Sammlung

Aufserdeutscher Strafgesetzbücher

in Deutscher Uebersetzung.

Herausgegeben von der Redaktion

der

Zeitschrift für die gesamte Strafrechtswissenschaft.

XII.

Das bulgarische Strafgesetz vom 2. Februar 1896.

BERLIN SW. 48.
Wilhelmstrafse 119/120.
J. Guttentag, Verlagsbuchhandlung.
1897.

Das

Bulgarische Strafgesetz

vom

2. Februar 1896.

BERLIN SW. 48.
Wilhelmstrafse 119/120.
J. Guttentag, Verlagsbuchhandlung.
1897.

Die Übersetzung ist von mir nach der amtlichen Veröffentlichung im Bulgarischen „Staatsanzeiger" No. 40 vom 21. Februar 1896 (den Herr Prof. Gretener freundlichst zur Verfügung stellte) und nach der neuesten (dritten) offiziellen Ausgabe — Sofia, Druckerei Heil. Cyrill und Method 1896 — die der jetzige Herr Justizminister Th. Theodorow gütigst übersandte — zum Teil unter der bei Mangel an guten Wörterbüchern unentbehrlichen, gefälligen Mitwirkung des Herrn Victor Armhaus, verpfl. Dolmetschers für Bulgarisch (und zwölf andre Sprachen) in Leipzig (Turnerstrafse 25) angefertigt.

Bisher wurde das Strafgesetz besprochen von Herrn Dr. M. St. Schischmanow*), Vicepräsident des bulgarischen Obersten Kassationshofes zu Sofia (im „Jahrbuch der Internationalen Vereinigung für vergleichende Rechtswissenschaft und Volkswirtschaftslehre zu Berlin, II. Jahrg. 1896 [1897] S. 194—202), sowie von Herrn Raoul de la Grasserie zu Rennes (in „Revue pénitentiaire, année 21, février 1897" p. 358—376), erwähnt von Dr. X. Gretener in „Die Zurechnungsfähigkeit als Gesetzgebungsfrage", Berlin 1897, S. 21 Note 28.

Dem Justizministerium verdanke ich auch die neueste offizielle Ausgabe der Zivilprozefsordnung mit den Abänderungen vom Januar und Februar 1897 (Sofia, Druckerei Iw. P. Daskalow & Cie. 1897).

Basel, Oktober 1897.

Prof. Dr. A. Teichmann.

---

*) Über das frühere Gesetz Derselbe in „Die Strafgesetzgebung der Gegenwart in rechtsvergleichender Darstellung" I, 1894 (deutsche Ausgabe S. 331—336, französische Ausgabe p. 233—237, spanische Ausgabe p. 529—530), endlich Naoum Y. Yantcheff, de la compétence territoriale et personnelle et de l'extradition d'après le nouveau Code pénal bulgare (Journal du droit international 1897, p. 315—319).

Inhalt.

Buch I.
Allgemeine Bestimmungen.

Buch II.
Strafbare Handlungen.

Teil I.
Verbrechen und ihre Strafen.

Teil II.

Übertretungen und ihre Strafen.

Wir Ferdinand I.

durch Gottes Gnade und des Volkes Willen

Fürst von Bulgarien

thun allen unsern treuen Unterthanen kund:

Die 8. ordentliche Nationalversammlung, zweite ordentliche Session, nahm in ihrer 47. Sitzung vom 15. Januar 1896 an,

Wir bestätigten und bestätigen nachfolgendes

STRAFGESETZ.

Buch I.

Allgemeine Bestimmungen.

Kapitel I.

Einleitungsvorschriften.

Art. 1. Als Verbrechen oder Übertretung gilt diejenige Handlung, die vom Gesetz hierfür erklärt ist.

Art. 2. Jedes Verbrechen wie jede Übertretung wird mit der Strafe bestraft, die vor der Begehung gesetzlich bestimmt ist.

Ergehen zwischen dem Zeitpunkte der Begehung und dem der Urteilsfällung abweichende gesetzliche Bestimmungen, so ist in diesem Falle die mildere anzuwenden.

Art. 3. Nach diesem Gesetze werden alle im Gebiete Bulgariens begangenen Verbrechen und Übertretungen bestraft, ausgenommen die Fälle:

1. dafs eine strafbare Handlung von einem Ausländer begangen ist, der nach den Grundsätzen des Völkerrechts Exterritorialität geniefst;
2. dafs Personen, die eine strafbare Handlung begingen, nach ihren besondern Gesetzen verfolgt und bestraft werden.

Art. 4. Bulgarische Unterthanen und Ausländer werden nach gegenwärtigem Gesetze beurteilt und bestraft, wenn sie im Ausland das Verbrechen des Hoch- oder Landesverrats oder der Fälschung von Wertzeichen begehen, die von den bulgarischen Staatskassen angenommen werden (Buch II, Teil I, Kapitel I, II und VIII) oder wenn sie als Beamte Bulgariens eine Handlung begehen, die nach gegenwärtigem Gesetze als Amtsverbrechen gilt.

In diesen Fällen werden der bulgarische Unterthan oder der Ausländer beurteilt und bestraft, auch wenn sie in jenem Lande, wo das Verbrechen verübt ist, abgeurteilt und bestraft wurden; doch wird die verbüſste Strafe bei Bestimmung des Maſses der neuen Strafe in der in Art. 61 bezeichneten Weise in Betracht gezogen.

Art. 5. Auſser den in Art. 4 erwähnten Fällen wird ebenso nach gegenwärtigem Gesetze auch derjenige bulgarische Unterthan bestraft, der im Auslande eines der im gegenwärtigen Gesetze vorgesehenen Verbrechen begeht.

Art. 6. Die Bestimmungen des Art. 5 finden auch auf Ausländer Anwendung, wenn das von ihnen begangene Verbrechen nach gegenwärtigem Gesetze mindestens mit Gefängnis bestraft wird, falls der Antrag der auswärtigen Behörden auf ihre Auslieferung nicht angenommen wurde und der Justizminister die Einleitung der Strafverfolgung anordnet.

Art. 7. Die Bestimmungen der Artt. 5 und 6 kommen nicht zur Anwendung

1. wenn die verübte That nach den Gesetzen des Auslandes keine strafbare Handlung darstellt;
2. wenn von ausländischen Gerichten ein rechtskräftiges Urteil vorliegt und gerichtliche Freisprechung, Begnadigung erfolgte oder aber die Strafe vollstreckt ist;
3. wenn die Strafverfolgung oder die Strafvollstreckung nach den Gesetzen des fremden Staates verjährt ist und
4. wenn der nötige Antrag seitens des Verletzten auf Verfolgung der That in Fällen, wo dies nach den Gesetzen des fremden Staates erforderlich ist, nicht erfolgte.

Anm. Von der Bestimmung in Art. 7 No. 1 wird der bulgarische Unterthan ausgeschlossen, der eines der in Buch II, Teil I, Kapitel XIII und XIV, Art. 216 vorgesehenen Verbrechen beging.

Art. 8. In den Fällen der Artt. 5 und 6 wird die Strafe in der in Art. 61 bezeichneten Weise gemildert, wenn von den Gesetzen des Landes, wo das Verbrechen begangen ist, mildere Strafe als nach gegenwärtigem Gesetze vorgesehen ist.

Art. 9. In den Fällen der Artt. 5 und 6 wird der im Auslande verbüſste Teil der Strafe bei der von bulgarischen Gerichten zu verhängenden Bestrafung immer abgerechnet. Wenn jedoch die ausländischen Gerichte eine von gegenwärtigem Gesetze nicht vorgesehene Strafart verhängten, so wird sie durch die im gegenwärtigen Gesetze entsprechendste ersetzt.

Art. 10. Beging ein bulgarischer Unterthan im Auslande eine Handlung, die nach gegenwärtigem Gesetze die Entziehung der bürgerlichen Rechte nach sich zieht, so wird zur Anwendung der Nebenstrafe ein Strafverfahren auch in Fällen eingeleitet, wo die Strafe im Auslande verbüſst oder von der zuständigen Behörde nachgelassen ist.

Art. 11. Ein bulgarischer Unterthan wird dem Auslande zur Verfolgung oder Bestrafung nicht ausgeliefert.

Ausländer werden wegen politischer Verbrechen nicht ausgeliefert.

Art. 12. Ausländische Urteile werden im Gebiete Bulgariens nicht vollstreckt.

Kapitel II.
Strafen.

Art. 13. Die Strafarten sind:

a) Hauptstrafen:

1. Todesstrafe;
2. Zuchthausstrafe*);
3. Gefängnisstrafe*);
4. Haft (Arrest);
5. Geldstrafe.

b) Nebenstrafen:

1. Entziehung von Rechten;
2. Einziehung bestimmter Gegenstände und
3. Veröffentlichung des Urteils.

Art. 14. Die Todesstrafe wird durch Erhängen nicht-öffentlich vollstreckt.

Art. 15. Die Zuchthausstrafe ist eine lebenslängliche oder eine zeitige.

Die zeitige Zuchthausstrafe dauert ununterbrochen von einem bis zu fünfzehn Jahren; im Falle des Zusammentreffens mehrerer Verbrechen (Art. 67) kann sie aber auf zwanzig Jahre verlängert werden.

Die zu Zuchthausstrafe Verurteilten werden in besonders dafür eingerichteten Strafanstalten gefangen gehalten.

Art. 16. Die zu Zuchthausstrafe Verurteilten werden in gemeinsamer Haft gehalten und erhalten die in der Anstalt eingeführte Kost und Kleidung. Gefangene dieser Art werden in zwei Kategorieen eingeteilt:

1. solche, die zu mindestens fünf Jahren und
2. solche, die zu weniger als fünf Jahren verurteilt sind.

Gefangene der ersten Kategorie werden Tags nach Reglement der Anstaltsverwaltung zu schweren Arbeiten angehalten, Nachts möglichst von einander getrennt.

Für ihre Arbeitsleistungen in und aufserhalb der Anstalt erhalten die Gefangenen keine Belohnung; doch behält sich die Anstaltsverwaltung das Recht vor, die Gefangenen bei bewiesener guter Aufführung nach Ablauf von zwei Dritteln der ihnen auferlegten Strafe mit Arbeiten nach ihrer Wahl zu beschäftigen, wo sie ein Drittel des Reinertrags ihrer Arbeit in ihren Nutzen erhalten. Ebenso können Gefangene wegen schlechter Aufführung von der Gefängnisverwaltung in ihre erste Lage — zu schweren Arbeiten — zurückversetzt werden.

---

*) Diese Ausdrücke scheinen mir dem Geiste der beabsichtigten Gefängnisreform mehr entsprechend, als die wörtliche Übersetzung „strenger finsterer Kerker“ — „finsterer (einfacher) Kerker“. D. Ü.

Gefangene der zweiten Kategorie werden mit Arbeiten nach ihrer Wahl beschäftigt, soweit diese dem Anstaltsreglement nicht widersprechen; hierbei wird ein Drittel des Reinertrags der Arbeit eines jeden zu seinem Nutzen verwendet, die andern zwei Drittel zum Unterhalt des Gefangenen im allgemeinen zurückbehalten.

Anm. Die schweren Arbeiten werden durch besonderes Reglement des Justizministeriums bestimmt.

Art. 17. Von schweren Arbeiten werden befreit

1. Frauenspersonen;
2. Personen unter einundzwanzig und solche über sechzig Jahre;
3. Personen, die der Gefängnisarzt zur Leistung schwerer Arbeiten untauglich erklärt und
4. die wegen Zweikampfes (Buch II, Teil I, Kapitel XVIII) und wegen politischer Verbrechen (Buch II, Teil I, Kapitel I und II) Verurteilten.

Verurteilte der obigen vier Kategorieen werden mit leichten Arbeiten beschäftigt, die nach Ermessen der Gefängnisverwaltung bestimmt werden; sie erhalten auch ein Drittel des Reinertrags ihrer Arbeiten in ihren Nutzen, gemäfs den in Art. 16 vorgesehenen Bedingungen.

Art. 18. Gefängnisstrafe dauert mindestens einen Tag und höchstens drei Jahre, kann aber bei Zusammentreffen mehrerer Verbrechen (Art. 67) auf vier Jahre verlängert werden.

Die Gefangenen werden getrennt von den zu Zuchthausstrafe Verurteilten gehalten und gemeinsam mit Arbeiten nach ihrer Wahl gemäfs dem Gefängnisreglement beschäftigt. Es wird ihnen auf Wunsch gestattet, eigene Kost und Kleidung zu haben; sie tragen die gewöhnliche Kleidung, können aber auf ihren Wunsch auch mit Gefängniskleidung versehen werden.

Die Hälfte des Reinertrags der Gefangenenarbeit wird in ihren Nutzen verwendet, die andere zu ihrem Unterhalt zurückbehalten.

Art. 19. Wegen Zweikampfes (Buch II, Teil I, Kapitel XVIII). oder wegen politischer Verbrechen (Buch II, Teil I, Kapitel I und II) Verurteilte, ebenso jugendliche Personen und Frauenspersonen werden in besondern Abteilungen gefangen gehalten, wobei das Geschlecht der Verurteilten und die Art ihrer Strafe im Auge behalten wird.

Art. 20. Zu Freiheitsstrafe Verurteilte können vor Beendigung der Strafzeit unter folgenden Bedingungen entlassen werden:

1. Zu Zuchthaus von fünf Jahren und mehr Verurteilte nach (Ablauf von mindestens zwei Jahren in der Anstalt und)* Verbüfsung von drei Vierteln der ihnen auferlegten Strafe, wenn sie für ihre gute Aufführung von der Kategorie schwerer Arbeiten zu Arbeiten nach ihrer Wahl versetzt zu werden verdienten;
2. zu Zuchthaus bis zu fünf Jahren oder zu Gefängnis Verurteilte nach Ablauf von mindestens einem Jahre im Gefängnis und Verbüfsung von drei Vierteln der ihnen auferlegten Strafe.

---

* Diese Worte fehlen in der neuesten offiziellen Ausgabe.

Auch ein zu lebenslänglichem Zuchthaus Verurteilter kann nach Ablauf von nicht weniger als fünfzehn Jahren in der Strafanstalt bedingt entlassen werden.

Art. 21. Zweimal wegen Diebstahl, Raub, Erpressung, Unterschlagung, Hehlerei, Betrug und Brandstiftung Verurteilte dürfen nicht bedingt entlassen werden.

Art. 22. Bedingt Entlassene stehen unter Polizeiaufsicht, die so lange dauert, wie im Urteile festgesetzt ist.

Art. 23. Die bedingte Entlassung kann stets widerrufen werden, wenn der Entlassene die Bedingungen, unter denen er entlassen wurde, übertritt.

Die seit dem Tage der bedingten Entlassung bis zum Widerrufe verflossene Zeit wird in die Strafzeit nicht eingerechnet.

Gefangene, deren bedingte Entlassung widerrufen wurde, dürfen nicht nochmals bedingt entlassen werden und sind nach dem Urteil in ihre frühere Stellung im Gefängnis zurückzuversetzen.

Die Strafzeit gilt als verbüfst, wenn sie endete, ohne dafs die bedingte Entlassung widerrufen wurde.

Art. 24. Bedingte Entlassung und Widerruf wird durch Verfügung des Justizministers angeordnet, gestützt auf das Gutachten eines Ausschusses, bestehend aus folgenden Justizpersonen: dem Vorsitzenden des Ortsbezirksgerichts oder seinem Stellvertreter, dem Staatsanwalt am selben Gerichtshofe, dem Gefängnisdirektor, dem Gefängnisgeistlichen und einem durch Ernennung seitens des Vorstehers bestellten Mitgliede der Ortsgemeindeverwaltung.

Die bedingte Entlassung mufs sich auf zweifellose Zeugnisse des Gefängnisvorstandes und des Ortschefs der Staatsanwaltschaft über musterhafte Aufführung und Fleifs des Gefangenen stützen.

Art. 25. Formulare für Entlassungsgesuche, Zeugnisse betreffend bedingte Entlassung werden vom Justizministerium in besonderer Verfügung aufgestellt werden.

Art. 26. Haft dauert mindestens einen Tag und höchstens drei Monate. Gefangene dieser Kategorie werden in besondern Räumen gefangen gehalten.

Art. 27. Die Strafzeiten werden in den Urteilen nach vollen Tagen, Wochen, Monaten und Jahren bestimmt und gezählt, wie auch die Jahre kalendermäfsig berechnet werden: Wochen zu sieben Tagen, der Tag zu vierundzwanzig Stunden.

Der Beginn der Strafzeit hebt an:

1. bei denen, die für die gleiche That, für die das Urteil erlassen ist, sich in Haft befinden, mit dem Tage, an dem es rechtskräftig wurde, und
2. bei den übrigen mit dem Tage, an dem sie zur Vollstreckung des Urteils gefangen gesetzt wurden.

Art. 28. Geldstrafe wird im Mindestbetrage von fünf Lew festgesetzt und für jeden Einzelnen besonders angesetzt. In dem Urteile, das eine Geldstrafe verhängt, ist eine Freiheitsstrafe für den Fall der Nichtzahlung der Geldstrafe zu bestimmen, durch welche die letztere ersetzt wird, wobei auf je fünf Lew nicht mehr als ein Tag Gefängnis oder Haft gerechnet und in Betracht gezogen wird, wofür der Schuldige verurteilt ist — ob für ein Verbrechen oder eine Übertretung.

Die höchste Dauer der Haft (vgl. Art. 26) beträgt in diesen Fällen drei Monate; die höchste Dauer der Gefängnisstrafe sechs Monate.

Art. 29. Zur Bezahlung der Geldstrafe kann dem Verurteilten eine Frist von drei Monaten vom Tage des in Rechtskraft erwachsenen Urteils an gewährt werden; übrigens kann der zu Geldstrafe Verurteilte, ohne die Zahlungsfrist der Geldstrafe abzuwarten, zur Vollstreckung des Urteils in das Gefängnis gehen.

Er ist jederzeit befugt, sich von der Haft zu befreien, wenn er zuvor den Rest der Geldstrafe bezahlt.

Dieser Rest der Geldstrafe verhält sich zum ganzen Betrage, wie der Rest der Haft zur ganzen.

Eine Geldstrafe wird aus einem Nachlasse nur dann gefordert, wenn das Urteil vor dem Tode des Verurteilten in Rechtskraft erwachsen ist.

Art. 30. In den vom gegenwärtigen Gesetze bestimmten Fällen wird der Schuldige durch Urteil, neben der Hauptstrafe auch noch zur Entziehung folgender Rechte verurteilt oder kann dazu verurteilt werden:

1. allgemeine Staats- oder öffentliche Ämter oder bestimmte Ämter zu bekleiden;
2. Ehrenzeichen zu tragen;
3. Wähler zu sein oder gewählt zu werden bei irgend welchen Wahlen, die auf Anordnung der zuständigen Behörde erfolgen;
4. Mitglied eines Verwandtschaftsrates, gerichtlich ernannter Verwalter, Vormund über Minderjährige und über Personen zu sein, denen ihre bürgerlichen Rechte entzogen wurden;
5. bestimmte Berufe, Industrieen, Beschäftigungen oder Handel zu treiben;
6. Vorsteher, Erzieher oder Lehrer in irgend welchen Schulen zu sein, und
7. Zeuge bei Vornahme irgend welcher Akte und Verträge zu sein, die nach Gesetz mit Zeugen bekräftigt werden müssen.

Art. 31. Personen, denen die in Art. 30 erwähnten Rechte entzogen wurden, können nach Ablauf der Frist der Nebenstrafe von Neuem die ihnen durch Urteil entzogenen Rechte ausüben.

Art. 32. Unabhängig von den im Gesetze vorgesehenen Fällen können die in No. 1 und 2 des Art. 30 erwähnten Entziehungen von Rechten vom Gerichte bei jeder Verurteilung wegen eines Amtsverbrechens verhängt werden.

Art. 33. Unabhängig von den im Gesetze vorgesehenen Fällen kann Entziehung des Rechtes der Vormundschaft eintreten,

1. wenn ein Vormund wegen eines Verbrechens verurteilt wurde, bei dem er vorsätzlich mit den ihm Untergebenen beteiligt war
2. wenn ein Vormund wegen eines in Buch II, Teil I, Kapitel XII XIV, XVI, XVII, XIX und XX vorgesehenen und von seinem Untergebenen angezeigten Verbrechens verurteilt wurde.

Art. 34. Zum Tode oder zu Zuchthaus von nicht weniger als fünf Jahren Verurteilte verlieren ihre elterlichen und ehelichen Rechte nur in den vom Gesetze bestimmt bezeichneten Fällen; auch wird Ehescheidung zwischen solchen Personen nur bewilligt, wenn der andre Ehegatte darauf besteht.

Zu Zuchthaus Verurteilte werden unter Kuratel gestellt und können über ihr Vermögen nur testamentarisch verfügen.

Detailbestimmungen über dies Alles, wie über die Verwaltung des Vermögens Verurteilter sind in den Zivil- und Kirchengesetzen enthalten.

Art. 35. Die Fristen der Entziehung von Rechten werden vom Gerichte bestimmt und übersteigen die Hauptstrafen (um mindestens zwei und*) höchstens um fünf Jahre.

Der Beginn der Frist hebt von dem Tage an, an dem das Urteil vollstreckt werden kann.

Art. 36. Zum Tode oder zu lebenslänglichem Zuchthaus Verurteilte verlieren die vom Gericht bestimmten Rechte auf immer.

Art. 37. Die bei dem Schuldigen vorgefundenen Gegenstände, deren Anfertigung, Verkauf, Verbreitung, Besitz oder Aufbewahrung verboten ist, und in den gesetzlich vorgesehenen Fällen auch die Sachen, die dem Schuldigen gehören und zur Begehung von Verbrechen bestimmt waren oder dazu dienten, werden eingezogen und, falls sie nicht der Vernichtung unterliegen, zum Nutzen der Staatsgefängnisse verkauft.

Die Verfügung wird vom Gerichte auch dann getroffen, wenn der Angeklagte freigesprochen oder von Strafe befreit wurde.

Art. 38. In den gesetzlich vorgesehenen Fällen kann das in Rechtskraft erwachsende Urteil, wenn das Gericht so bestimmt, auf Kosten des Schuldigen veröffentlicht werden.

Kapitel III.
Zurechnungsfähigkeit und Strafbarkeit.

Art. 39. Als Verbrechen gilt nach gegenwärtigem Gesetze nur die vorsätzlich verübte Handlung, wenn nicht das Gegenteil aus dem Inhalt des Gesetzes folgt.

Art. 40. Eine strafbare Handlung ist eine vorsätzliche, wenn der Schuldige bei der Begehung diejenigen Folgen wünscht oder billigt, die sich aus der Handlung ergeben haben oder ergeben sollten.

Eine strafbare Handlung ist eine fahrlässige (unvorsichtige), wenn der Schuldige bei der Begehung zwar die Folgen, die sich aus ihr ergaben, voraussah, aber ihnen vorzubeugen gedachte, oder aber sie zwar nicht voraussah, doch im stande oder dazu verpflichtet war, sie vorauszusehen.

Fahrlässige strafbare Handlungen werden nur in den gesetzlich vorgesehenen Fällen bestraft.

Art. 41. Eine Handlung wird zur Schuld nicht zugerechnet, wenn sie von einer Person begangen ist, die zu jener Zeit ihr Wesen und ihre

---

*) Diese Worte fehlen in der neuesten offiziellen Ausgabe.

Bedeutung zu erkennen oder wegen Hemmung in der Ausbildung, Verwirrung der Geisteskräfte oder Bewufstlosigkeit ihr Thun zu beherrschen nicht im stande war.

In solchen Fällen stellt das Gericht, wenn es dies unumgänglich erachtet, entweder eine solche Person unter verantwortliche Aufsicht ihrer Verwandten oder derer, die für sie zu sorgen wünschen sollten, oder versorgt sie in einer Anstalt bis zur Genesung.

Art. 42. Eine Handlung wird zur Schuld nicht zugerechnet, wenn sie von einer Person im Alter von nicht vollen zehn Jahren begangen ist, oder von einer Person im Alter von nicht vollen siebzehn Jahren, falls letztere ohne Unterscheidungsvermögen gehandelt hat.

In diesen Fällen werden solche Personen entweder unter verantwortliche Aufsicht der Eltern, Vormünder oder derjenigen gestellt, die für sie zu sorgen wünschen sollten, oder aber in einer Erziehungsanstalt untergebracht.

Art. 43. Eine Handlung wird zur Schuld nicht zugerechnet, wenn der Thäter ihre Folgen nicht vorherzusehen vermochte (Zufall).

Thatumstände, welche zum Thatbestande des Verbrechens gehören, können dem Thäter nicht zugerechnet werden, wenn er bei Begehung der That diese nicht kannte.

Diese Vorschrift kann auch auf jene Handlungen angewendet werden, die aus Fahrlässigkeit begangen wurden, doch nur in Fällen, wo diese Unkenntnis nicht die Folge der Fahrlässigkeit war.

Art. 44. Eine strafbare Handlung liegt nicht vor, wenn sie zur Ausführung eines Gesetzes oder eines Dienstbefehles begangen ist, falls letzterer von der zuständigen Behörde in den vorgeschriebenen Formen gegeben ist und nicht etwas offenbar Strafbares fordert.

Art. 45. Eine strafbare Handlung liegt nicht vor, wenn sie in Notwehr behufs Abwehr eines rechtswidrigen und unmittelbaren Angriffs auf die Person oder das Vermögen des Angegriffenen oder eines andern begangen ist. Überschreitung der Grenzen der Notwehr aus Furcht oder Bestürzung wird nicht bestraft.

Art. 46. Nicht bestraft wird, wer eine Handlung begeht, um sein Leben oder das Leben seiner Angehörigen aus einer unmittelbaren Gefahr zu erretten, die aus äufserster Not oder Bedrohung oder unüberwindlicher Gewalt hervorgeht, wenn diese Gefahr auf andre Weise nicht abgewendet werden kann.

Unter gleichen Bedingungen wird nicht bestraft, wer eine Handlung begeht, um seine Gesundheit, Freiheit, Keuschheit oder andre persönliche oder sachliche Güter zu retten, wenn die Zufügung des Schadens wegen Geringfügigkeit dem erretteten Gute entsprechend erachtet wird.

Diese Vorschrift findet keine Anwendung, wenn schon die Abwendung der Gefahr eine strafbare Handlung darstellt.

Art. 47. Unkenntnis oder falsche Auffassung des Strafgesetzes entschuldigt Niemanden.

Kapitel IV.
Versuch.

Art. 48. Eine Thätigkeit, durch welche die Ausführung einer beabsichtigten strafbaren Handlung begonnen, aber nicht vollendet wurde, stellt einen Versuch dar.

Art. 49. Der Versuch wird gegenüber dem vollendeten Verbrechen gemäfs Vorschrift in Art. 61 milder bestraft.

Der Versuch wird nicht bestraft

1. wenn der Thäter aus eigenem Antriebe von Vollendung der beabsichtigten strafbaren Handlung abstand;
2. wenn der Thäter vor Entdeckung seiner That aus eigenem Antriebe den zum Thatbestand der strafbaren Handlung gehörigen Erfolg abgewendet hat und
3. wenn es sich um eine Übertretung handelt.

Art. 50. Ist die Handlung, durch die der Versuch offenbart wurde, nicht als solche in den Fällen des Art. 49 strafbar, wohl aber gesetzlicher Thatbestand einer andern strafbaren Handlung, so wird die Strafbarkeit der letzteren durch die in Art. 49 enthaltenen Bestimmungen nicht beseitigt.

Kapitel V.
Teilnahme.

Art. 51. Teilnehmer an einem vollendeten Verbrechen sind:

1. unmittelbar an der Ausführung der strafbaren Handlung Beteiligte;
2. Anstifter, die durch Geschenke, Versprechen, Drohung, Mifsbrauch der Autorität oder Gewalt oder in irgend andrer Weise einen andern zur Begehung der verübten strafbaren Handlung angestiftet haben;
3. Gehilfen, die vorsätzlich, sei es durch Ratschläge und Aufklärungen, sei es durch Beschaffung von Mitteln oder Entfernung von Hindernissen oder in irgend andrer Weise zur Begehung der strafbaren Handlung behilflich waren.

Art. 52. Unmittelbar Beteiligte und Anstifter werden mit derselben Strafe bestraft, die vom Gesetze für das vollendete Verbrechen gedroht ist; Gehilfen in der in Art. 61 genannten Art.

Art. 53. Persönliche Eigenschaften oder Verhältnisse eines der Thäter oder Teilnehmer, welche die Strafbarkeit der begangenen Handlung ausschliefsen, kommen rücksichtlich der übrigen Thäter oder Teilnehmer nicht in Betracht.

Art. 54. Beging der Thäter eine Handlung, die eine schwerere Strafe nach sich zieht, als diejenige, zu der der Anstifter ihn anstiftete, so ist die schwerer strafbare Handlung dem Anstifter nicht zur Schuld zuzurechnen.

Art. 55. Straflos bleiben Teilnehmer, die, bevor die That begangen ist, sich von weiterer Teilnahme zurückziehen und gleichzeitig alles ihrerseits mögliche thun, um dem Verbrechen vorzubeugen.

Art. 56. Bei einer von Mehreren vereint begangenen Übertretung werden nur die unmittelbaren Thäter verfolgt, die übrigen nur in den gesetzlich vorgesehenen Fällen.

Kapitel VI.
Ersatz und Milderung von Strafen.

Art. 57. Für unmündige Personen von zehn bis zu siebzehn Jahren, die mit Unterscheidungsvermögen gehandelt haben, werden die Strafen folgendermafsen ersetzt:

1. Todesstrafe und lebenslängliche Zuchthausstrafe durch zeitiges Zuchthaus von fünf bis zu zehn Jahren;
2. Zuchthausstrafe von zehn Jahren und mehr durch Zuchthaus von ein bis zu fünf Jahren;
3. Zuchthausstrafe von nicht mehr als zehn und nicht weniger als fünf Jahren durch Gefängnis bis zu zwei Jahren;
4. Zuchthausstrafe bis zu fünf Jahren durch Gefängnis bis zu einem Jahre;
5. Gefängnisstrafe durch Haft oder Unterbringung in einer Erziehungsanstalt; Haft oder Geldstrafe durch Verweis seitens des Gerichtes oder Unterbringung in einer Erziehungsanstalt;
6. Entziehung von Rechten ist gegenüber Unmündigen unzulässig, ebenso Bestrafung nach Art. 66;
7. Anhaltung unmündiger Personen in einer Erziehungsanstalt ist nur bis zu einundzwanzig Jahren zulässig.

Art. 58. Für mündige Verbrecher von siebzehn bis zu einundzwanzig Jahren tritt folgender Strafersatz ein:

1. Todesstrafe durch fünfzehnjähriges Zuchthaus;
2. lebenslängliche Zuchthausstrafe durch Zuchthaus von mindestens fünf Jahren;
3. alle anderen Strafzeiten werden um ein Drittel gekürzt und
4. Entziehung von Rechten tritt nur in den Fällen ein, wo die Hauptstrafe fünf Jahre Zuchthaus übersteigt.

Art. 59. Todesstrafe wird bei Personen, die bei Beginn der Urteilsvollstreckung mehr als fünfundsechzig Jahre alt sind, durch lebenslängliches Zuchthaus ersetzt.

Art. 60. Bei Bestimmung der Strafen sind die Umstände in Betracht zu ziehen, welche die Schuld mindern oder mildern.

Art. 61. Sind die Schuldmilderungsumstände so wichtig oder so zahlreich, dafs auch das niedrigste Mafs der gesetzlich für die That gedrohten Strafe als unverhältnismäfsig hart erschiene, so kann das Gericht

1. unter die niedrigste Grenze der im Gesetze für die strafbare Handlung vorgesehenen Strafe um ein Drittel herabgehen;
2. mangels einer solchen zu einer andern Strafart in folgender Ordnung übergehen: von Todesstrafe zu Zuchthausstrafe auf Lebenszeit oder auf fünfzehn Jahre; von lebenslänglicher Zuchthausstrafe zu zeitigem Zuchthaus von mindestens zehn Jahren; von zeitiger Zuchthausstrafe zu Gefängnis;
3. Geldstrafe auf das Minimum gemäfs Art. 28 herabsetzen.

Art. 62. Untersuchungshaft kann nach Ermessen des Gerichtes auf die durch Urteil verhängte Gefängnisstrafe oder zeitige Zuchthausstrafe ganz oder teilweise angerechnet werden.

Diese Vorschrift ist auch dann anwendbar, wenn der Schuldige gleichzeitig wegen einiger Verbrechen verfolgt wird und das Urteil für ein andres Verbrechen erging, als das, wegen dessen der Verurteilte in Untersuchungshaft gesetzt wurde.

Kapitel VII.
Zusammentreffen und Wiederholung strafbarer Handlungen.

Art. 63. Verletzt eine und dieselbe Handlung mehrere Bestimmungen des gegenwärtigen Gesetzes, so wird nur derjenige Artikel des Gesetzes angewendet, der die schwerste Strafe bestimmt.

Art. 64. Hat eine und dieselbe Person mehrere strafbare Handlungen begangen oder eine und dieselbe strafbare Handlung mehrmals, so ist, falls für jede strafbare Handlung eine besondere Strafe verhängt wird, die schwerste derselben anzuwenden.

Ist die schwerste Strafe Zuchthaus oder Gefängnis oder Haft oder aber Geldstrafe und wird für eine oder mehrere der übrigen strafbaren Handlungen eine mit der schwersten Strafe gleichartige verhängt, dann kann das Gericht

1. falls die schwerste Strafe Zuchthaus ist, dieses höchstens um ein Jahr erhöhen;
2. falls dies Gefängnis ist, dieses höchstens um sechs Monate erhöhen;
3. falls dies Haft ist, diese höchstens um einen Monat erhöhen;
4. falls dies aber Geldstrafe ist, diese höchstens um das doppelte erhöhen.

Anm. Die höchste Frist der erhöhten schwersten Strafe braucht nicht die Gesamtsumme der Strafen übersteigen, die für jede strafbare Handlung besonders bestimmt wurden.

Art. 65. Die Schwere der Strafen bestimmt sich nach der Abstufung in Art. 13; doch ist Gefängnisstrafe schwerere Strafe als Zuchthaus, wenn es zweimal so lange dauert, als letzteres, und ebenso Haft schwerere Strafe als Gefängnis, wenn sie zweimal so lange dauert, als letzteres.

Art. 66. Unterliegt der Schuldige wegen einer oder mehrerer der verübten strafbaren Handlungen Nebenstrafen, so werden diese letzteren der nach den Bestimmungen über Zusammentreffen zu verhängenden Strafe hinzugefügt.

Art. 67. Sind zwei oder mehrere strafbare Handlungen, die der Bestrafung nach den Bestimmungen über Zusammentreffen unterliegen, gleichartig und gewohnheitsmäfsig oder gewerbsmäfsig begangen, so kann das Gericht

1. die schwerste Strafe verdoppeln;

2. falls die schwerste zu verhängende Strafe fünfzehn Jahre Zuchthaus beträgt, diese auf zwanzig Jahre erhöhen;
3. falls sie drei Jahre Gefängnis beträgt, diese auf vier Jahre erhöhen;
4. falls die schwerste Strafe Haft oder Geldstrafe ist, auch in diesen beiden Fällen höchstens das doppelte Mafs verhängen; ist aber Geldstrafe die einzige Strafe auch im schwersten Mafse, dann kann zugleich auf Gefängnis bis zu sechs Monaten erkannt werden.

Anm. Im ersten Falle braucht die verdoppelte schwerste Strafe nicht fünfzehn Jahre Zuchthaus und drei Jahre Gefängnis zu übersteigen.

Art. 68. Die Bestimmungen über Zusammentreffen kommen auch zur Anwendung, wenn jemand durch verschiedene Urteile zu verschiedenen Strafen verurteilt ist, die aus Freiheitsentziehung bestehen.

Art. 69. Wenn der Thäter für eine oder mehrere strafbare Handlungen noch ferner durch ein rechtskräftig gewordenes Urteil verurteilt ist und, nachdem er die Strafe ganz oder teilweise verbüfst hat, sich zeigt, dafs er der Bestrafung auch für ein andres vor Vollstreckung des ersten Urteils begangenes Verbrechen unterliegt, so trifft ihn Verantwortung nach den Bestimmungen über Zusammentreffen.

Hierbei wird die verbüfste Strafe von dem Mafse der schwersten gekürzt, indem ein Jahr Zuchthaus für drei Jahre Gefängnis und Gefängnis doppelt so hoch wie Haft gerechnet wird.

Ist die folgende Strafe Gefängnis und der Art nach die mildere, so wird sie mit der ersteren verschmolzen.

Ist sie ihrer Art nach die schwerere, so wird die erste Strafe mit der zweiten verschmolzen.

Art. 70. Wer nach Verbüfsung einer Strafe eine andre strafbare Handlung begeht, ist nach allgemeinen Vorschriften verantwortlich.

Ist jedoch die neue strafbare Handlung der ersten ähnlich oder gleichartig oder unterliegt sie einer schwereren Bestrafung als der verbüfsten, so kann die neue Strafe nach Mafsgabe des Art. 67 erhöht werden, wenn nicht seit dem Ende der Strafverbüfsung bis zur Verübung der zweiten strafbaren Handlung

1. bei Verbrechen mehr als fünf Jahre,
2. bei Übertretungen mehr als ein Jahr

verflossen sind.

Kapitel VIII.

Gründe, welche die Strafverfolgung und die Bestrafung ausschliefsen.

Art. 71. Die Strafverfolgung wird ausgeschlossen

1. durch Tod des Schuldigen;
2. durch Ablauf der gesetzlich bestimmten Verjährung und
3. durch Amnestieerteilung.

Art. 72. Wegen Verjährung der Strafbarkeit ist die Strafverfolgung ausgeschlossen, wenn gegen den Schuldigen die Verfolgung nach folgenden Bestimmungen nicht eingeleitet ist

1. während zwanzig Jahren — bei einem Verbrechen, das mit dem Tode bestraft wird;
2. während fünfzehn Jahren — bei einem Verbrechen, das mit Zuchthaus nicht unter zehn Jahren bestraft wird;
3. während zehn Jahren — bei einem Verbrechen, das mit Zuchthaus bis zu zehn Jahren bestraft wird;
4. während fünf Jahren — bei einem Verbrechen, das mit Gefängnis bestraft wird und
5. während eines Jahres — bei allen Übertretungen.

Art. 73. Die Verjährung der Strafbarkeit beginnt

1. bei vollendeten Verbrechen — vom Tage der Vollendung;
2. bei nur versuchten Verbrechen — vom Tage der vollzogenen letzten Handlung und bei einem Dauerverbrechen — vom Tage der Beendigung.

Art. 74. Ist die Einleitung oder Fortführung der Strafverfolgung von der Entscheidung einer Vorfrage abhängig, die durch die zuständige Behörde rechtskräftig entschieden sein mufs, so ruht die Verjährung bis zu endgiltiger Entscheidung der Vorfrage.

Art. 75. Jeder Akt der gerichtlichen Organe, der gegen einen der Thäter oder Teilnehmer aus Anlafs der Verübung der strafbaren Handlung gerichtet ist, unterbricht die Verjährung.

Die Verjährung gilt nur rücksichtlich jener Personen als unterbrochen, gegen die ein Akt der gerichtlichen Organe vorgenommen wurde.

Nach Vollziehung dieses Aktes beginnt die Verjährung von neuem zu laufen.

Art. 76. Die Vollstreckung einer durch rechtskräftiges Urteil bestimmten Strafe ist ausgeschlossen

1. zufolge Todes des Verurteilten;
2. zufolge Begnadigung des Verurteilten;
3. zufolge Ablaufes der gesetzlich bestimmten Verjährung.

Art. 77. Verjährung schliefst die Strafvollstreckung aus

1. nach Ablauf von fünfundzwanzig Jahren, wenn die im Urteile bestimmte Strafe Todesstrafe ist;
2. nach Ablauf von zwanzig Jahren, wenn die im Urteile bestimmte Strafe Zuchthaus nicht unter zehn Jahren ist;
3. nach Ablauf von fünfzehn Jahren, wenn die im Urteile bestimmte Strafe Zuchthaus nicht unter fünf Jahren ist;
4. nach Ablauf von zehn Jahren, wenn die im Urteile bestimmte Strafe Zuchthaus nicht über fünf Jahre oder Gefängnis ist;
5. nach Ablauf von zwei Jahren, wenn der Schuldige wegen einer Übertretung verurteilt ist.

Art. 78. Die Verjährung der Strafvollstreckung wird gerechnet

1. vom Tage der Rechtskraft des Urteils und, wenn die Strafvollstreckung schon begonnen hat, vom Tage der Unterbrechung der Vollstreckung durch Flucht des Verurteilten;
2. vom Tage des Widerrufs der bedingten Entlassung.

Ist aus gesetzlichen Gründen die Strafvollstreckung aufgeschoben oder wurde die Person wegen andrer Gründe verhaftet, so läuft die Verjährung nicht.

Art. 79. Die Verjährung der Strafvollstreckung erstreckt sich nicht auf die in Art. 30 No. 1, 2 und 3 vorgesehenen Nebenstrafen, wenn diese durch ein rechtskräftiges Urteil festgesetzt sind.

Art. 80. Die Verjährung wird durch jede Verfügung der zuständigen Behörde, die auf Vollstreckung des Urteils gerichtet ist — insbesondere durch Verhaftung des Verurteilten unterbrochen.

Vom Tage einer solchen Verfügung beginnt jedoch eine neue Verjährung.

Art. 81. Bei Verbrechen, die auf Antrag des Verletzten verfolgt werden, wird die Strafverfolgung nicht eingeleitet, ehe ein solcher von ihm oder seinem Bevollmächtigten oder, falls er unmündig oder geisteskrank ist, von seinen Eltern, Vormündern oder allgemein von dem gestellt ist, der gesetzlich für ihn zu sorgen verpflichtet ist.

Ist jedoch das Verbrechen von Eltern oder Vormündern des Verletzten oder von dem, der für ihn gesetzlich zu sorgen verpflichtet ist, begangen, so wird die Strafverfolgung von Amtswegen eingeleitet.

Art. 82. Ist in dem in Art. 63 bezeichneten Falle neben einem nur auf Antrag des Verletzten verfolgbaren Verbrechen ein andres begangen, das unabhängig von einem Antrag des Verletzten verfolgt wird, so wird die Strafverfolgung rücksichtlich des letzteren nicht ausgeschlossen, wenngleich der Verletzte sein Klagrecht nicht ausübt oder erklärt, dafs er auf sein Recht verzichtet.

Art. 83. Bei Verbrechen, die nur auf Antrag des Verletzten oder seiner gesetzlichen Vertreter verfolgt werden, tritt Bestrafung nicht ein

1. wenn der Antrag zwar vor Ablauf der Verjährung erfolgte, aber sechs Monate verflossen sind, seitdem der Antragsteller von der strafbaren Handlung Kenntnis hatte;
2. wenn der Antragsteller Einstellung des Verfahrens vor Beginn der Vollstreckung des Urteils begehrt.

Anm. Die in diesem Artikel vorgesehenen Vorschriften kommen gegenüber Verbrechen, die auf Privatantrag verfolgt werden, dessen Zurücknahme nicht zulässig ist, nicht zur Anwendung.

Art. 84. Wenn der Verletzte vor Ablauf der in Art. 83 No. 1 vorgesehenen Frist stirbt, ohne den Antrag gestellt oder auf ihn verzichtet zu haben, so können während des noch übrigen Teils der Frist Ascendenten und Descendenten, vollbürtige Geschwister, der Ehegatte des Verletzten und bei Verbrechen gegen das Vermögen auch die Erben den Antrag stellen.

Art. 85. Bei Verbrechen, die nur auf Antrag des Verletzten verfolgt werden, wird der Schuldige, auch bei Fallenlassen der Verfolgung seitens eines der Antragsteller, von der Haftung gegenüber den übrigen Antragstellern nicht frei; ebensowenig werden die übrigen Teilnehmer von der Haftung frei, wenn auch die Verfolgung gegen einen von ihnen eingestellt ist.

Art. 86. Die erkannte Strafe kann durch Begnadigung seitens des Staatsoberhauptes aufgehoben oder gemildert werden.

Art. 87. Ausschlufs der Bestrafung zufolge Todes oder Begnadigung des Schuldigen tilgt nicht die Zivilforderung auf Zurückerstattung von Gegenständen, noch die Entschädigung für verursachten Schaden und Verlust, aufser es wäre diese Zivilforderung nach den Vorschriften des Zivilrechts verjährt.

Kapitel IX.
Wiedereinsetzung in Rechte (Rehabilitation).

Art. 88. Jeder zur Entziehung von Zivilrechten Verurteilte, der die Strafe verbüfst hat oder begnadigt wurde, kann in seine Rechte wieder eingesetzt werden.

Art. 89. Der Antrag auf Wiedereinsetzung in Rechte kann erst fünf Jahre nach dem Tage der Entlassung aus der Strafanstalt oder dem Tage der Begnadigung des Verurteilten gestellt werden. Diese Frist wird für die zu Gefängnis Verurteilten auf drei Jahre herabgesetzt. Für Rückfällige und solche, die nach erhaltener Wiedereinsetzung einer neuen Verurteilung zu Zuchthaus verfielen, beträgt die Frist zehn Jahre, bei nur zu Gefängnis Verurteilten sechs Jahre.

Art. 90. Bei einem zu Zuchthaus Verurteilten wird der Antrag auf Rehabilitation nur angenommen, wenn er mindestens drei Jahre in demselben Bezirke gewohnt hat, und zwar die zwei letzten in derselben Gemeinde.

Verurteilte, welche diese Zeit ganz oder zum Teil unter der Fahne verbrachten und diejenigen, deren Beruf zu Wohnsitzveränderung nötigt, können von dieser Vorschrift ausgenommen werden, wenn sie durch glaubhafte Zeugnisse ihrer militärischen Vorgesetzten, letztere solche ihrer Dienstherren, sich über gute Aufführung ausweisen.

Solche Zeugnisse müssen nach den Bestimmungen in Art. 93 ausgestellt sein.

Art. 91. Der Verurteilte übergibt sein Rehabilitationsgesuch dem Staatsanwalte am Bezirksgerichte unter Vermerk

1. des Datums seiner Verurteilung,
2. der Orte, an denen er nach seiner Entlassung gewohnt hat.

Art. 92. Der Antragsteller ist, ausgenommen Verjährung, zum Nachweise verpflichtet, dafs er die Gerichtskosten, Geldstrafen und den Schadenersatz gezahlt hat oder dafs diese ihm erlassen wurden.

Mangels eines solchen Nachweises mufs er darthun, dafs er statt dessen Schuldhaft im Exekutionsverfahren erlitten hat oder dafs der Verletzte auf diese Vollzugsart verzichtet hat.

Wegen betrügerischen Bankerotts Verurteilte müssen nachweisen, dafs sie ihre Schulden nach Kapital, Zinsen und Kosten zahlten oder dafs diese Verbindlichkeit ihnen erlassen wurde.

Weist der Antragsteller nach, dafs er zu Zahlung der Gerichtskosten nicht im stande ist, so kann das Gericht ihm Rehabilitation gewähren, obgleich diese Kosten nicht bezahlt oder nur teilweise bezahlt sind. Bei solidarisch Verurteilten bestimmt das Gericht, welchen Teil der Summe der Antragsteller zu bezahlen hat.

Ist der Verletzte nicht aufzufinden oder verzichtet er auf Empfangnahme, so ist die Schuldsumme durch einen Notar in der Bulgarischen Volksbank niederzulegen. Meldet sich binnen fünf Jahren der Verletzte nicht zum Empfange der Schuldsumme, so wird diese auf einfaches Gesuch dem Deponenten zurückgegeben.

Ist der Verletzte unbekannt abwesend, so erfolgt Veröffentlichung durch eines der Lokalblätter und den Staatsanzeiger.

Art. 93. Der Staatsanwalt am Bezirksgericht zieht von den Ortsvorstehern der Orte, wo der Verurteilte gewohnt hat, Mitteilungen darüber ein

1. wie lange und von wann bis wann er dort gewohnt hat;
2. wie seine Aufführung während dieser Zeit gewesen;
3. womit er seinen Unterhalt erworben hat.

Diese Mitteilungen müssen die Angabe enthalten, dafs sie zum Zweck der Rehabilitation dienen. Der Staatsanwalt zieht Mitteilungen auch von den Friedensrichtern und Amtsleuten der Umgebungen des Ortes ein, wo der Verurteilte gewohnt hat.

Der Staatsanwalt verschafft sich auch noch

1. Auszüge aus dem Urteil,
2. Auszug aus den Gefängnisregistern über das Betragen des Verurteilten.

Art. 94. Alle diese Schriftstücke sendet der Bezirksstaatsanwalt mit seinem Gutachten an den Staatsanwalt am Appellationsgericht, in dessen Bezirk der Verurteilte wohnt.

Eine Erklärung mufs binnen zwei Monaten nach Empfang der Schriftstücke bei dem Appellationsgericht durch den Staatsanwalt erfolgen. Letzterer reicht hierzu einen schriftlich motivierten Antrag ein. Er kann jederzeit, und das Gericht von Amtswegen, weitere Ermittelungen anordnen. Die Angelegenheit darf in jedem Fall höchstens um sechs Monate verschoben werden.

Art. 95. Das Appellationsgericht entscheidet über den Antrag in einer Plenarsitzung, sobald es den Antrag des Antragstellers oder seines Verteidigers und den des Staatsanwaltes kennt. Im Fall der Verwerfung des Antrags kann ein neuer Antrag erst nach zwei Jahren gestellt werden.

Art. 96. Wird die Rehabilitation bewilligt, so wird der Entscheid durch den Staatsanwalt am Appellationsgericht dem erstinstanzlichen Gerichte, das den Antragsteller beurteilte, hehufs Eintragung im Originalurteile und in den Registern des Gerichtshofes mitgeteilt. Der Rehabilitierte kann unentgeltlich Abschrift des Entscheides und Auszug aus den Registern des Gerichtshofes erhalten.

Art. 97. Die Rehabilitation tilgt die Verurteilung und beseitigt für die Zukunft alle Rechtsentziehungen, welche die Folge dieser Verurteilung waren. Die Bedingungen für Rehabilitation von Kaufleuten sind im besondern Handelsgesetzbuch geregelt.

Buch II.

Strafbare Handlungen.

Teil I.

Verbrechen und ihre Strafen.

Kapitel I.

Hochverrat.

Art. 98. Hochverrat begeht, wer

1. vorsätzlich das Staatsoberhaupt oder den Thronfolger tötet oder zu töten versucht;
2. das Staatsoberhaupt oder den Thronfolger am Körper verletzt und an der Gesundheit schädigt oder sie zur Regierung unfähig macht und
3. das Staatsoberhaupt oder den Thronfolger in Feindesgewalt liefert oder sie der persönlichen Freiheit durch Gewalt oder Drohung beraubt oder das Staatsoberhaupt an der Ausübung seiner Regierungsrechte hindert.

Art. 99. Hochverrat ist auch diejenige Handlung, die zum Zwecke hat

1. die geltende gesetzliche Thronfolgeordnung zu ändern;
2. die geltende Staatsverfassung oder die Einheit des Staates zu ändern und
3. die Integrität des Staatsterritoriums durch gewaltsame Einverleibung eines Teiles desselben in einen fremden Staat zu verletzen.

Art. 100. Die Strafe des Hochverrats ist

1. Tod im Falle des Art. 98 No. 1;
2. lebenslängliches Zuchthaus in den Fällen des Art. 98 No. 2 und 3.

Versuch der in Art. 98 No. 2 und 3 vorgesehenen Verbrechen wird mit Zuchthaus nicht unter zehn Jahren bestraft.

Art. 101. In den Fällen des Art. 99 No. 1 und 2 tritt Zuchthaus nicht unter zehn Jahren, im Falle No. 3 dieses Artikels lebenslängliches Zuchthaus ein.

Art. 102. Ein Komplott zum Zwecke der Begehung des im Art. 98 vorgesehenen Hochverrats wird mit Zuchthaus bis zu zehn Jahren, im Falle des Art. 99 mit Zuchthaus bis zu fünf Jahren bestraft.

Art. 103. Ein Komplott besteht von dem Augenblick an, wo zwei oder mehr Personen die Ausführung eines Hochverrats verabreden.

Art. 104. Wer, ohne sich mit einem andern zu verbinden, Vorbereitungen zu Begehung eines Hochverrats trifft, wird in den Fällen der Artt. 98 und 99 mit Zuchthaus bis zu fünf Jahren bestraft.

Art. 105. Wer unmittelbar zu Hochverrat aufreizt oder auffordert, sei dies mündlich öffentlich, sei dies durch Verbreitung oder öffentliches Auslegen von Schriften, Bildern oder Druckwerken, deren Inhalt oder Bedeutung ihm bekannt sind, wird mit Zuchthaus von fünf bis zu zehn Jahren bestraft. Blieb die Aufreizung oder Aufforderung erfolglos, so tritt Gefängnis ein.

Art. 106. Die Strafbarkeit für Hochverrat entfällt, wenn der Schuldige freiwillig und vor Entdeckung der That von der vorbereiteten oder begangenen Ausführung absteht und schädliche Folgen abgewendet sind.

Art. 107. Nicht strafbar ist der Teilnehmer an einem Komplott, der, bevor noch aufser dem Komplott selbst etwas geschehen und das Komplott von der Behörde entdeckt ist, davon zurücktritt und nicht nur dies den andern Genossen mitteilt, sondern auch bestrebt ist, sie von ihrem Vorhaben abzubringen oder aber die Behörde benachrichtigt.

Art. 108. Wegen der in diesem Kapitel erwähnten Verbrechen kann gegen den Schuldigen auf Entziehung der in Art. 30 No. 1—4 aufgeführten Rechte erkannt werden.

Kapitel II.
Landesverrat.

Art. 109. Ein bulgarischer Unterthan, der mittelbar oder unmittelbar einen andern Staat zum Kriege oder zu einer andern Feindseligkeit gegen Bulgarien zu bewegen oder anzustiften sucht, wird mit Zuchthaus von zehn bis zu fünfzehn Jahren bestraft.

Ist der Krieg ausgebrochen oder aber der Krieg erklärt worden, so tritt lebenslängliches Zuchthaus ein.

Art. 110. Ein bulgarischer Unterthan, der freiwillig in ein feindliches Heer eintritt, nachdem der Krieg erklärt oder begonnen ist, wird mit Zuchthaus von zehn bis zu fünfzehn Jahren bestraft.

Dient er in einem fremden Heere, und verbleibt er freiwillig nach Erklärung oder Beginn des Krieges in diesem Dienste oder entfernt er sich, um gegen das bulgarische oder ein mit ihm verbündetes Heer zu kämpfen, so tritt Zuchthaus bis zu fünf Jahren ein.

Art. 111. Mit lebenslänglichem Zuchthaus, in Kriegszeit mit dem Tode, wird bestraft, wer

1. dem Feinde eine Festung, eine Stadt, einen befestigten Platz, Pafs, Ufer oder Position, ein Waffen-, Kriegsmaterial- oder Lebensmittelmagazin, Schiffe, Offiziere oder Soldaten des bulgarischen Heeres ausliefert oder sich darüber mit ihm verständigt;
2. dem Feinde eine Karte, einen Plan oder eine Darstellung der kriegerischen Rüstungen, Bewegungen oder Unternehmungen mitteilt;
3. dem Feinde zum Eindringen oder Vordringen auf bulgarisches Gebiet Hilfe leistet;
4. den Feind durch Geld oder Vermehrung der bewaffneten Macht, des Kriegsmaterials oder der Lebensmittel für das Heer unterstützt oder aber ihm die Beschaffung erleichtert;

5. zu Zwietracht, Aufruhr oder Flucht (Desertion) im bulgarischen Heere anstiftet, um den Feind dadurch zu unterstützen;
6. zum Nachteil der bulgarischen Kriegsmacht und zum Vorteil des Feindes eine Niederlage von Waffen, Kriegsmaterial oder Lebensmitteln, die für die bulgarische Kriegsmacht bestimmt sind, wie auch Brücken, Wehre, Dämme, Befestigungen in Brand setzt, beschädigt, abbricht oder sonstwie unbrauchbar macht;
7. dem Feinde als Spion dient oder einen feindlichen Spion oder feindlichen Soldaten, der zur Rekognoszierung ausgeschickt ist, verbirgt oder unterstützt;
8. eine der in diesem Artikel erwähnten Handlungen gegen einen mit Bulgarien verbündeten Staat oder eine mit Bulgarien gemeinsam operierende Kriegsmacht begeht.

Art. 112. Mit Zuchthaus von zehn bis zu fünfzehn Jahren wird bestraft, wer mittelbar oder unmittelbar dem Feinde solche Urkunden oder Nachrichten mitteilt, die sich auf die Sicherheit oder sonstige wichtige Interessen Bulgariens beziehen und die

1. ihm anvertraut waren oder die er kraft seiner amtlichen Stellung oder eines ihm besonders erteilten Auftrags kennen konnte;
2. die er besitzt oder durch Gewalt, Diebstahl, Unterschlagung oder auf sonstige betrügerische Art erfahren hat.

Hat der Schuldige diese Nachrichten auf irgend eine andere als die in diesem Artikel bezeichnete Weise kennen gelernt und weifs er zu dieser Zeit, dafs sie geheim zu halten sind, so tritt Todesstrafe ein.

Art. 113. Wer ohne die Absicht, den Feind zu unterstützen oder dem Staate Schaden zuzufügen,

1. sich mit einer fremden Regierung einläfst oder Nachrichten oder den Inhalt von Dokumenten, von denen er weifs, dafs sie im Interesse Bulgariens oder eines verbündeten Staates geheim zu halten sind, veröffentlicht,
2. in Kriegszeit einen Spion verbirgt oder unterstützt,

wird mit Zuchthaus bis zu fünf Jahren bestraft.

Art. 114. Nach Art. 113 wird auch derjenige bestraft, der in Kriegszeit vorsätzlich

1. eine Handlung begeht, welche die Neutralität des Staates gefährdet oder irgend welche besondre Staatsgebote übertritt, die zum Zweck der Wahrung der Neutralität erlassen oder veröffentlicht sind;
2. irgend eine Staatsverordnung verletzt, die zum Zweck der Wahrung der Staatssicherheit gegeben oder veröffentlicht ist.

Art. 115. Ein Komplott, das auf den in Art. 109, 110 No. 1 und 111 bezeichneten Landesverrat abzielt, wird mit Zuchthaus bis zu zehn Jahren bestraft.

Art. 116. Wer in der in Art. 105 bezeichneten Weise zu dem in Art. 109, 110 und 111 vorgesehenen Landesverrat aufreizt oder auffordert, wird mit Zuchthaus bis zu zehn Jahren bestraft.

Art. 117. Die Vorschrift des Art. 107 kommt auch in den in diesem Kapitel vorgesehenen Fällen, ausgenommen den des Art. 109, zur Anwendung.

Art. 118. Wegen Landesverrats ist gegen den Schuldigen auf Entziehung der in Art. 30 No. 1—4 aufgeführten Rechte zu erkennen.

Kapitel III.

Thätlichkeit und Beleidigung gegenüber dem Staatsoberhaupte und den Mitgliedern seines Hauses.

Art. 119. Thätlichkeit gegen das Staatsoberhaupt wird — soweit nicht Hochverrat vorliegt — mit Zuchthaus nicht unter fünf Jahren bestraft.

Art. 120. Beleidigung des Staatsoberhauptes in Person oder an öffentlichem Orte wird mit Gefängnis von drei Monaten bis zu zwei Jahren und Geldstrafe bis zu viertausend Lew bestraft.

Erfolgt sie durch Verbreitung oder öffentliche Ausstellung einer Schrift, eines Bildes oder eines Druckwerks, so tritt Gefängnis nicht unter sechs Monaten und Geldstrafe bis zu sechstausend Lew ein.

Art. 121. Thätlichkeit gegen den Thronfolger oder Angehörige des Staatsoberhauptes: Gattin, Ascendenten, Descendenten, Geschwister, wird, sofern nicht ein schwereres Verbrechen vorliegt, mit Zuchthaus bis zu fünf Jahren bestraft.

Art. 122. Beleidigung einer der in Art. 121 genannten Personen wird mit Gefängnis bis zu einem Jahr und Geldstrafe bis zu zweitausend Lew bestraft.

Erfolgt sie durch Verbreitung oder öffentliche Ausstellung einer Schrift, eines Bildes oder eines Druckwerks, so tritt Gefängnis bis zu zwei Jahren und Geldstrafe bis zu viertausend Lew ein.

Art. 123. Wird die Absicht, dafs das Staatsoberhaupt oder der Thronfolger sein Leben verliere, mündlich oder öffentlich durch Schrift oder durch eine sonstige Handlung offenbart, so tritt Zuchthaus bis zu fünf Jahren ein.

Art. 124. Wer durch Schrift oder auf andre Weise das Staatsoberhaupt verleumdet, wird mit Gefängnis nicht unter sechs Monaten und Geldstrafe bis zu sechstausend Lew bestraft.

Art. 125. Wegen der in Art. 119, 121 und 123 genannten Verbrechen kann gegen den Schuldigen auf Entziehung der in Art. 30 No. 1—4 aufgeführten Rechte, in den Fällen der Artt. 120, 122 und 124 der in Art. 30 No. 1 und 2 aufgeführten erkannt werden.

Kapitel IV.

Verbrechen gegen das Wahlrecht.

Art. 126. Wer durch Gewalt oder Drohung ein Mitglied der Nationalversammlung an der Anwesenheit in der Sitzung oder an freier Ausübung seines Stimmrechts hindert, wird mit Zuchthaus bis zu fünf Jahren bestraft.

Art. 127. Ist das in Art. 126 vorgesehene Verbrechen gegen ein Mitglied des Gemeinde- oder Bezirksrates gerichtet, so tritt Gefängnis nicht unter drei Monaten ein.

Art. 128 Wer durch Gewalt oder Drohung einen Wähler an freier Ausübung seines Wahlrechts bei irgend welchen von der Behörde ausgeschriebenen Wahlen hindert oder aber durch Geschrei und andre gesetzwidrige Mittel das Bureau in Verwirrung setzt oder eines seiner Mitglieder verjagt, wird mit Gefängnis bis zu einem Jahre bestraft, wenn nicht gleichzeitig ein gesetzlich schwerer zu bestrafendes Verbrechen begangen ist.

Art. 129. Personen, die mit Aufstellung der Wählerlisten betraut oder bevollmächtigt sind, werden mit Gefängnis bestraft, wenn sie auf diese nicht den Namen eines Wahlberechtigten oder aber den Namen eines gesetzlich nicht im Besitze des Wahlrechts Befindlichen eintragen.

Art. 130. Ein Beamter, der in der Absicht, jemanden seines gesetzlichen Wahlrechts zu berauben, oder ihm ein nicht zuständiges zu gewähren, der zuständigen Verwaltung, welche die Wählerlisten zusammenzustellen hat, falsche Mitteilungen macht, wird mit Gefängnis nicht unter sechs Monaten bestraft.

Gleiche Strafe trifft das Mitglied der vorgesetzten Verwaltung, das ein auf das Wahlrecht Einzelner bezügliches Dokument unterdrückt, fälscht, vernichtet oder untauglich macht.

Art. 131. Wer bei irgend welchen auf Anordnung von Behörden ausgeschriebenen Wahlen einen der Wähler durch Geld, Versprechen oder andre Vermögensvorteile besticht, sein Wahlrecht auszuüben oder nicht auszuüben oder es nicht auf bestimmte Art auszuüben, wird mit Gefängnis bis zu einem Jahre oder Geldstrafe bis zu fünfhundert Lew bestraft.

Gleiche Strafe trifft den bestochenen Wähler.

Art. 132. Wird das in Art. 131 vorgesehene Verbrechen, wenn auch in andrer Weise, von einem Beamten verübt, so tritt Gefängnis bis zu zwei Jahren ein.

Art. 133. Wer bei irgend welchen behördlich ausgeschriebenen Wahlen Wahlzettel vernichtet, unterdrückt, einschmuggelt, abändert oder fälscht oder auf andere betrügerische Weise die Echtheit der Wahlstimmen fälscht oder das Resultat der stattgefundenen Wahl vereitelt oder fälscht, wird mit Gefängnis bis zu zwei Jahren bestraft.

Geschieht dies seitens jemandes, der die Wähler bei der Niederschrift amtlich unterstützt, so tritt Zuchthaus bis zu fünf Jahren ein.

Art. 134. Wer in einer Wahlversammlung bewaffnet oder mit einem Schlagmittel versehen erscheint, wird mit Gefängnis bis zu sechs Monaten bestraft.

Art. 135. Wer bei Wahlen, die auf Anordnung der Behörde ausgeschrieben sind, unter fremdem Namen stimmt oder sich zur Abstimmung meldet, wird mit Gefängnis von einem bis zu sechs Monaten bestraft.

Gleiche Strafe trifft denjenigen, der mehrmals in einem und demselben Bezirke stimmt oder, nachdem er in einem Bezirke gestimmt hat, sich in einem andern meldet und stimmt.

Art. 136. Wegen des in Art. 135 erwähnten Verbrechens wird der Schuldige nur dann verfolgt, wenn eine Anzeige bei der zuständigen Behörde nicht später als acht Tage nach Abstimmung der Wähler erfolgte.

In den in den Artt. 128, 131, 132, 133 und 134 vorgesehenen Fällen werden die Schuldigen nicht verfolgt, wenn nicht binnen dreifsig Tagen seit Begehung der That Anzeige bei der zuständigen Behörde erfolgt ist.

Art. 137. Wegen des in Art. 126 erwähnten Verbrechens wird gegen den Schuldigen auf Entziehung der in Art. 30 No. 1—4 aufgeführten Rechte erkannt; im Falle des Art. 127 kann auf Entziehung der in Art. 30 No. 1 und 2 erwähnten erkannt werden.

In sonstigen im gegenwärtigen Kapitel erwähnten Fällen kann gegen den Schuldigen auf Entziehung des in Art. 30 No. 3 aufgeführten Rechtes erkannt werden; dagegen tritt Entziehung der in Art. 30 No. 1 und 2 aufgeführten Rechte ein, wenn der Schuldige zur Zeit der Begehung des Verbrechens ein Amt bekleidete.

Kapitel V.
Verbrechen gegen die Staatsgewalt.

Art. 138. Eine Zusammenrottung mit dem Zweck, durch Gewalt oder Drohung

1. die bulgarische Regierung oder die Nationalversammlung,
2. eine andre öffentliche Behörde oder ihr Organ

zu hindern, frei ihre Rechte und Pflichten auszuüben oder zu nötigen, etwas zu thun oder nicht zu thun, wozu sie berechtigt oder verpflichtet sind, wird als Aufruhr im ersten Fall mit Zuchthaus von drei bis zu zehn Jahren, im zweiten bis zu fünf Jahren bestraft.

Art. 139. Ein auf Aufruhr (Art. 138) abzielendes Komplott wird im ersten Fall mit Zuchthaus bis zu fünf Jahren, im zweiten mit Gefängnis nicht unter drei Monaten bestraft.

Art. 140. Hat eine aufrührerische Rotte eine Gemeinde, ein Haus, ein Waffen-, Kriegsmaterial- oder Pulvermagazin, eine Eisenbahn, ein Telegraphen- oder Postamt angegriffen oder in ihre Gewalt gebracht, so werden — wenn nicht ein schwerer zu strafendes Verbrechen vorliegt — Rädelsführer und Anstifter mit Zuchthaus von fünf bis zu fünfzehn Jahren, alle übrigen mit Zuchthaus bis zu fünf Jahren bestraft.

Art. 141. Wenn eine aufrührerische Rotte Raub oder Brandstiftung begeht, etwas zerstört oder gegen Privatpersonen Gewalt anwendet, so werden Anstifter und Rädelsführer — soweit nicht ein schwereres Verbrechen vorliegt — mit Zuchthaus von zehn bis zu fünfzehn Jahren, die übrigen mit Zuchthaus bis zu fünf Jahren bestraft.

Art. 142. Keine Strafe trifft diejenigen Aufrührer, die auf Aufforderung der Zivil- oder Militärgewalt die Rotte verlassen und nicht ferner an ihr teilnehmen.

Diese Vorschrift kommt auf Anstifter und Rädelsführer des Aufruhrs, sowie diejenigen, die weitere Verbrechen begingen, nicht zur Anwendung.

Art. 143. Die in Art. 107 gegebene Vorschrift kommt auch im Fall der Vorbereitung eines Aufruhrs zur Anwendung.

Art. 144. Wer ausser den in Art. 138 erwähnten Fällen Gewalt oder Drohung anwendet, um die öffentliche Gewalt, einen Beamten oder ein Organ der öffentlichen Gewalt zu Vornahme oder Unterlassung einer Amtshandlung zu nötigen, wird wegen offener Vergewaltigung mit Gefängnis nicht unter sechs Monaten bestraft.

Art. 145. Wer widerrechtlich ein Organ der öffentlichen Gewalt an Ausübung seiner Rechte und Pflichten verhindert, wird mit Gefängnis bis zu einem Jahre bestraft.

Art. 146. Wer einem Beamten ein Geschenk oder einen andern Vorteil gibt, verspricht oder anbietet, um ihn zur Vornahme oder Unterlassung seiner Amtspflichten zu bewegen, wird wegen Bestechung mit Gefängnis bestraft.

Dieselbe Strafe trifft denjenigen, der einem Beamten ein Geschenk oder einen Vorteil gewährt, weil er etwas gegen seine amtlichen Pflichten gethan oder unterlassen hat.

Art. 147. Bestechung wird mit Zuchthaus bis zu fünf Jahren bestraft, wenn ein Geschenk oder ein andrer Vorteil einem Richter, Gerichtsbeisitzer, Untersuchungsrichter oder Staatsanwalt gegeben, angeboten oder versprochen wird, damit er in einer Straf- oder Zivilsache zum Vorteil oder Nachteil einer der Parteien entscheide oder dazu behilflich sei.

Gleiche Strafe trifft denjenigen, der ein Geschenk oder einen andern Vorteil einem Verteidiger oder Bevollmächtigten gibt, verspricht oder anbietet, damit eine Straf- oder Zivilsache zum Vorteil der Gegenpartei oder zum Nachteil des Vollmachtgebers entschieden werde.

Art. 148. Wegen Bestechung (Artt. 146 und 147) wird entsprechend auch bestraft, wer gegen Belohnung oder Versprechen einer Belohnung oder sonstige Vorteile sich anerbietet oder es übernimmt, Schiedsrichter zu sein.

Art. 149. Wer unbefugt eine Handlung vornimmt, die, wie er weiss, in die Kompetenz eines öffentlichen Amtes fällt, das er nicht inne hat oder von dem er ausgeschlossen ist, wird mit Gefängnis bis zu einem Jahr bestraft.

Art. 150. Wer unbefugt ein Siegel losmacht, zerbricht oder beschädigt, das von einer öffentlichen Behörde oder ihrem Organ an Gegenständen zum Zeichen, dafs sie unter Verschlufs sind oder sequestriert sein sollen, angebracht ist, ebenso wer unbefugt einen Raum oder ein Behältnis eröffnet, woran ein solches Siegel zum Zeichen, dafs sie unter Verschlufs sind, angebracht ist, wird mit Gefängnis bis zu einem Jahre bestraft.

Art. 151. Wer unbefugt Bücher, Register, Dokumente oder bei einer öffentlichen Behörde verwahrte Sachen vernichtet, bei Seite schafft oder beschädigt, wird mit Gefängnis nicht unter einem Monat bestraft, in besonders wichtigen Fällen mit Zuchthaus bis zu fünf Jahren.

Art. 152. Wer unbefugt einen Gefangenen aus dem Raume befreit, in dem er auf Anordnung der Behörde gefangen gesetzt ist, oder ihn der

Aufsicht oder Verwahrung entzieht oder ihm zur Flucht behilflich ist, wird mit Zuchthaus bis zu drei Jahren bestraft.

Art. 153. Gefangene, die sich zusammenrotten, um gewaltsam auszubrechen, werden als Meuterer mit Gefängnis nicht unter drei Monaten bestraft.

Meuterer, die hierbei die Beamten der Strafanstalt oder Personen, die mit ihrer Beaufsichtigung betraut sind, gewaltsam angreifen, werden mit Zuchthaus bis zu fünf Jahren bestraft.

Art. 154. Wer sich einer Anordnung, einem Verbote, einem Befehle oder einer Aufforderung der öffentlichen Gewalt widersetzt, wird wegen offenen Ungehorsams mit Gefängnis bis zu drei Monaten oder mit Geldstrafe bis zu fünfhundert Lew bestraft, wenn für den Fall nicht eine andre Strafe vorgesehen ist.

Art. 155. Offener Ungehorsam wird mit Gefängnis bis zu einem Jahre bestraft, wenn ein zahlungsunfähiger Schuldner, Direktor oder Vorstandsmitglied einer zahlungsunfähigen Gesellschaft die von ihm geforderten Aufklärungen, zu deren Abgabe er gesetzlich verpflichtet ist, zu geben oder etwa gegebene in festgesetzter Form zu erhärten sich weigert.

Art. 156. Wegen Aufruhrs ist gegen den Schuldigen auf Entziehung der in Art. 30 No. 1—4 aufgeführten Rechte zu erkennen.

In den übrigen in diesem Kapitel vorgesehenen Fällen bis zu Art. 153 kann gegen den Schuldigen auf Entziehung der in Art. 30 No. 1 und 2 aufgeführten Rechte erkannt werden.

Kapitel VI.

Verbrechen gegen die Wehrpflicht und gegen die bewaffnete Macht.

Art. 157. Wer mit List oder Betrug sich oder einen andern der Leistung der Wehrpflicht zu entziehen sucht oder jemanden verbirgt, wird mit Gefängnis von zwei Jahren bestraft.

Art. 158. Jeder bulgarische Unterthan, der in dieser oder jener Weise sich bis zu Vollendung seines dreifsigsten Jahres der Leistung der Wehrpflicht entzogen hat, wird, wenn er zum Wehrdienst tauglich ist, mit Geldstrafe von hundert bis zu zweitausend Lew bestraft und dann zum stehenden Heere ausgehoben; wenn er untauglich ist, mit Gefängnis bis zu einem Jahre bestraft. Wehrpflichtige, die das dreifsigste Jahr überschritten haben, werden mit Gefängnis bis zu drei Jahren und Entziehung der in Art. 30 No. 1, 2 und 3 aufgeführten Rechte bestraft.

Art. 159. Wer sich vorsätzlich verstümmelt oder allgemein sich zur Leistung der Wehrpflicht untauglich macht, ebenso wer in ähnlicher Absicht einen andern verstümmelt oder untauglich macht, der der Einberufung unterliegt oder in das Heer eingereiht ist, wird mit Zuchthaus bis zu drei Jahren bestraft.

Art. 160. Wer einen Soldaten irgend welchen Grades zum Ungehorsam gegen einen Aushebungsbefehl bewegt, wird in Friedenszeit mit

Gefängnis bis zu einem Jahre, in Kriegszeit, in Zeiten des Kriegszustandes oder bei Mobilisierung mit Zuchthaus bis zu zehn Jahren bestraft.

Art. 161. Wer einen Soldaten zur Desertion aus dem Heere bewegt, einem solchen Deserteur Unterkunft gewährt oder ihm dazu behilflich ist, sich in andrer Weise zu verbergen, wird in Friedenszeit mit Gefängnis von sechs Monaten bis zu drei Jahren, in Kriegszeit, in Zeiten des Kriegszustandes oder bei Mobilisierung mit Zuchthaus bis zu fünf Jahren bestraft.

Art. 162. Wer durch Täuschung, Hinterlist oder andre List Anordnungen und Umstände, welche die bewaffnete Macht des Staates oder ihre Abwehr betreffen, wo er weifs oder wissen mufs, dafs sie geheim zu halten sind, auskundschaftet, um sie einem fremden Staate mitzuteilen, wird in Friedenszeit mit Zuchthaus bis zu fünf Jahren, in Kriegszeit mit Zuchthaus bis zu zehn Jahren, dagegen mit dem Tode bestraft, wenn diese Mitteilungen dem Feinde gemacht wurden und dieser in der Lage wäre, sie zum Schaden unsres Heeres auszunützen.

Art. 163. Wer durch die Presse Mitteilungen über Zustand, Aufstellung, Bewegung und Operationen der bulgarischen bewaffneten Macht, über Zustand der Bewaffnung, Kriegsmaterial und Kriegsbedürfnisse, über Aufbewahrungsort, Menge und Zufuhr von Vorräten veröffentlicht, wo die Aussprengung solcher Mitteilungen verboten ist oder aber aus der Beschaffenheit solcher Mitteilungen oder andern Umständen ersichtlich ist, dafs ihre Veröffentlichung dem Staatsinteresse schaden kann, wird in Friedenszeit mit Zuchthaus bis zu fünf Jahren, in Kriegszeit mit Zuchthaus bis zu zehn Jahren bestraft.

Anm. Diese Vorschrift kommt auf Veröffentlichung von Mitteilungen, die von der Regierung selbst bekannt gegeben werden, nicht zur Anwendung.

Art. 164. Bedienstete, die unwahre Mitteilungen über den Familien- oder Gesundheitszustand junger wehrpflichtiger Leute erstatten, werden mit Gefängnis von einem bis zu drei Jahren bestraft.

Art. 165. Bedienstete, die vorsätzlich unvollständige oder unrichtige Einberufungsordres ausstellen, werden mit Gefängnis bis zu drei Jahren bestraft.

Art. 166. Ein Bediensteter, der duldet, dafs ein als Rekrut Angenommener durch einen andern ersetzt wird, wird mit Gefängnis von einem bis zu drei Jahren bestraft.

Art. 167. Wer durch Schrift, öffentliche Reden, Rufe an öffentlichem Orte, durch Bilder, photographische und andre symbolische Embleme Wehrpflichtige zu Verbrechen und Übertretungen, die von Kriegsgesetzen und Disziplinarvorschriften verboten sind, aufreizt, wird in Friedenszeit mit Gefängnis bis zu drei Jahren, in Kriegszeit und in Zeiten des Kriegszustandes mit Zuchthaus bis zu fünfzehn Jahren bestraft.

Art. 168. Wer, ohne zum Tragen einer Kriegsuniform oder andrer Kriegsauszeichnungen berechtigt zu sein, mit solchen in den Reihen des Heeres behufs Agitation oder zu ähnlichem strafbarem Zweck erscheint, wird mit Gefängnis bis zu drei Jahren, in Kriegszeit oder in Zeiten des Kriegszustandes mit Zuchthaus bis zu fünfzehn Jahren bestraft.

Art. 169. Armeebeamte, die nicht in aktivem Dienste stehen, werden für Aussprengung von Geheimnissen, die ihnen zur Zeit des Dienstes oder auf andre Weise anvertraut sind und sich auf das Heer beziehen, mit Zuchthaus bestraft.

Art. 170. Mit Gefängnis nicht unter drei Monaten wird bestraft:

1. wer in Kriegszeit oder nach Versetzung des Heeres oder eines Teiles desselben in Kriegszustand vorsätzlich oder fahrlässig (unvorsichtig) einen mit der Regierung über Lieferung von Gegenständen und Materialien, die für das Heer oder die Volksbewaffnung nötig sind, geschlossenen Vertrag ganz oder teilweise nicht erfüllt;
2. ein Lieferant, Vermittler oder Bevollmächtigter, der in Kenntnis des Zweckes der Vereinbarung vorsätzlich oder fahrlässig einen Vorwand für seine unpünktliche Ausführung vorschützt;
3. Lieferungsunternehmer und ihre Gehilfen und Diener, die vorsätzlich oder fahrlässig einen Vorwand für Nichtausführung ihrer Abreden für das Heer und dessen Bedürfnisse vorschützen.

Art. 171. Wegen der in diesem Kapitel behandelten Verbrechen kann gegen den Schuldigen auf Entziehung der in Art. 30 No. 1—4 aufgeführten Rechte erkannt werden.

Kapitel VII.
Verbrechen gegen die öffentliche Ordnung.

Art. 172. Wer unmittelbar zu Begehung eines Verbrechens aufreizt und zwar durch offene Anpreisung vor Versammlungen oder durch Verbreitung oder offenes Auslegen von Bildern oder Druckerzeugnissen wird bestraft

1. als Anstifter, wenn es zu dem Verbrechen zufolge Aufstiftung kommt,
2. wenn die Aufstiftung ohne Folge bleibt, mit Gefängnis.

Art. 173. Mit Gefängnis wird auch bestraft, wer in der in Art. 172 erwähnten Weise zum Zweck der Begehung eines Verbrechens

1. unmittelbar zum Ungehorsam gegen das Gesetz oder Vorschriften, Reglemente und Anordnungen der dazu gesetzlich zuständigen Behörde aufreizt;
2. zu Feindseligkeit oder Hafs gegen Religionsgesellschaften, Völkerschaften oder einzelne Klassen der Bevölkerung oder gegen Rechtsvorschriften über Ehe und Eigentum aufreizt;
3. die Unverletzlichkeit der Person des Staatsoberhauptes, die Thronfolgeordnung, die Staatsverfassung, die Integrität oder Einheit des Staates oder die verpflichtende Kraft der Gesetze angreift.

Art. 174. Wer in der in Art. 172 erwähnten Weise ein Verbrechen oder den Thäter desselben rühmt oder rechtfertigt, wird mit Gefängnis bis zu einem Jahre bestraft.

In diesem Fall verjährt die Strafverfolgung in drei Monaten.

Art. 175. Wenn ein Haufen sich zusammenrottet und mit Waffen einzelne Klassen der Bevölkerung, einzelne Völkerschaften oder Religionsgesellschaften angreift, so werden

1. die Anstifter und Rädelsführer mit Zuchthaus bis zu zehn Jahren,
2. alle übrigen mit Gefängnis bestraft.

Die Vorschrift des Art. 142 kommt auch hier zur Anwendung.

Art. 176. Ein Komplott zur Begehung des in Art. 175 vorgesehenen Verbrechens wird mit Gefängnis bestraft.

Die Vorschrift des Art. 106 kommt auch hier zur Anwendung.

Art. 177. Wegen der in Art. 175 und 176 vorgesehenen Verbrechen kann gegen die Schuldigen auf Entziehung der in Art. 30 No. 1 und 2 aufgeführten Rechte erkannt werden.

Art. 178. Bildet sich eine Bande, um Verbrechen gegen die Sicherheit von Personen oder Sachen, vereint oder jeder für sich, zu begehen, so werden die Gründer und Rädelsführer mit Zuchthaus bis zu zehn Jahren und Entziehung der in Art. 30 No. 1—4 aufgeführten Rechte, die übrigen mit Gefängnis bestraft.

Art. 179. Mit Zuchthaus bis zu fünf Jahren wird bestraft,

1. wer ohne gesetzliche oder behördliche Erlaubnis Banden bildet, bewaffnet, einübt oder mit Kriegsbedarf versieht;
2. wer in solchen Banden die Stelle eines Befehlshabers oder Anführers übernimmt.

Gegen die Schuldigen kann auf Entziehung der in Art. 30 No. 1 und 2 aufgeführten Rechte erkannt werden.

Wer sich an einer solchen Bande beteiligt, wird mit Gefängnis bis zu zwei Jahren bestraft.

Art. 180. Wer durch Gewalt oder Drohung eine gesetzlich nicht verbotene Versammlung an einer Sitzung oder Fortsetzung derselben hindert, wird mit Gefängnis bis zu einem Jahre bestraft.

Geschieht dies seitens eines Amtsangestellten, so tritt Zuchthaus von drei Jahren ein.

Art. 181. Wer durch Täuschung oder falsche Versprechen oder durch Verbreitung unwahrer Nachrichten und Angaben einen Teil der Bevölkerung zur Auswanderung aus dem Staate aufreizt, wird mit Gefängnis bestraft.

Art. 182. Mit Gefängnis bis zu sechs Monaten wird bestraft, wer behufs Erhöhung oder Herabsetzung des Arbeitslohnes gegen Arbeiter oder Arbeitgeber Gewalt anwendet.

Gleicher Strafe unterliegen diejenigen, die bei Fabriken oder solchen Orten, wo Arbeiter arbeiten, oder aber bei Gebäuden oder Aufenthaltsorten von Arbeitgebern oder bei Arbeitsaufsehern sich sammeln und mit Gewalt den Beginn der Arbeiten oder ihre Fortsetzung verhindern oder die Arbeiter gewaltsam zur Einstellung der Arbeiten nötigen.

Kapitel VIII.
Münzfälschung.

Art. 183. Das Verbrechen der Münzfälschung begeht, wer selbst oder mittelst eines andern in der Absicht, mittelbar oder unmittelbar dies Geld als echt oder vollwertig in Verkehr zu bringen

1. im In- oder Auslande Metall- oder Papiergeld nachmacht;
2. solchem Gelde den Schein höheren Wertes giebt;
3. irgendwie den Gehalt von Gold- oder Silbermünzen verringert;
4. unechte Wertzeichen umgestaltet und ihnen das Aussehen echter gibt.

In den Fällen der No. 1, 2 und 4 tritt Zuchthaus von drei bis zu zehn Jahren, im Falle No. 3 Zuchthaus bis zu fünf Jahren ein.

Art. 184. Ist das Objekt des in Art. 183 erwähnten Verbrechens altes nicht silbernes oder goldenes Metallgeld oder Papiergeld, das zum Wechseln bei vereinzelten Geldgeschäften dient, so tritt Gefängnis nicht unter drei Monaten ein.

Art. 185. Eine Bande, welche die Fälschung von Wertzeichen oder die Verbreitung solcher zum Zweck hat, wird, wenn irgend eine Vorbereitungshandlung vorgenommen ist, mit Gefängnis bis zu einem Jahre bestraft.

Art. 186. Nach Art. 183 und 184 wird auch bestraft

1. wer von ihm oder von einem andern auf Auftrag, wenn auch nicht zu dem in Art. 183 genannten Zwecke, nachgemachte oder verfälschte Wertzeichen in Umlauf setzt;
2. wer im Einverständnis mit den Fälschern der Wertzeichen oder ihren Teilnehmern nachgemachte oder verfälschte Wertzeichen, um sie als echte in Umlauf zu setzen, annimmt oder in den Staat einführt.

Art. 187. Wer aufser den in Art. 183 und 186 erwähnten Fällen Wertzeichen, wissend, dafs sie nachgemacht oder verfälscht sind, in Umlauf setzt, wird

1. mit Zuchthaus bis zu drei Jahren bestraft, wenn der Betrag tausend Lew übersteigt;
2. mit Gefängnis nicht unter sechs Monaten, wenn der Betrag tausend Lew nicht übersteigt oder wenn goldene und silberne Wertzeichen in ihrem Gehalte verringert sind;
3. mit Gefängnis bis zu sechs Monaten, wenn es alte Wertzeichen sind.

Art. 188. Wer nachgemachte oder verfälschte Wertzeichen als echte empfängt und nach erkannter Unechtheit sie als echte in Umlauf setzt, wird mit Gefängnis bis zu sechs Monaten bestraft.

Art. 189. Den Wertzeichen werden gleichgeachtet:

1. gedruckte Obligationen auf den Inhaber, Banknoten, Aktien oder deren Stelle vertretende Interimsscheine, Anweisungen oder Quittungen sowie die zu diesen Papieren gehörenden Zins-, Gewinnanteils- oder Erneuerungsscheine (Coupons und Talons), welche

von der Staatsgewalt oder dazu bevollmächtigten öffentlichen Kassen, Gemeinden, Gesellschaften, Korporationen oder Privatpersonen ausgegeben sind.

Diese Vorschrift gilt auch, wenn in den erwähnten gedruckten Obligationen die Unterschrift oder einzelne Worte oder Zahlen mit der Hand geschrieben sind.

2. auf den Namen ausgestellte Obligationen samt Coupons und Talons, die vom bulgarischen Staate oder einer Staatskasse oder Bank ausgegeben sind und an der Börse gehandelt werden.

Art. 190. Wer Gegenstände oder Gerätschaften, von denen er weifs, dafs sie zur Münzfälschung bestimmt sind, anfertigt, besitzt oder verheimlicht, wird mit Gefängnis bis zu einem Jahre bestraft.

Art. 191. Wegen der in diesem Kapitel vorgesehenen Verbrechen, ausgenommen Art. 188 und 190, kann gegen den Schuldigen auf Entziehung der in Art. 30 No. 1–4 aufgeführten Rechte erkannt werden.

Art. 192. Gegenstände, die zu den in diesem Kapitel vorgesehenen Verbrechen gedient haben oder dazu bestimmt waren, unterliegen in allen Fällen der Einziehung.

Kapitel IX.
Falsche Aussage und Meineid.

Art. 193. Wer mündlich oder schriftlich vor Gericht oder vor einer andern zuständigen öffentlichen Behörde als Zeuge, Sachverständiger, Übersetzer oder Dolmetsch wissentlich in vorgeschriebener eidlicher Form die Unwahrheit bekräftigt oder die Wahrheit verschweigt, wird mit Zuchthaus bis zu fünf Jahren bestraft.

Unbeeidetes falsches Zeugnis wird mit Gefängnis bestraft.

Wer als Partei vor Gericht einen Meineid leistet, wird mit Zuchthaus bis zu drei Jahren bestraft.

Art. 194. Ist das in Art. 193 erwähnte Verbrechen fahrlässig begangen, so tritt Gefängnis bis zu einem Jahre ein.

Art. 195. Einer eidlichen Erklärung steht jedes feierliche Versprechen einer Person gleich,

1. dafs sie gewissenhaft die ganze Wahrheit sagen und bekunden werde;
2. dafs sie die Aussage oder Bekundung auch eidlich erhärten werde.

Der Beeidigung steht jede Berufung auf einen amtlichen oder allgemeinen Eid oder einen vorher wegen der gleichen That im gleichen Falle geleisteten Eid gleich.

Art. 196. Ist das in Art. 193 bezeichnete Verbrechen in einem Strafverfahren zum Nachteil des Angeklagten begangen, so ist die Strafe

1. Zuchthaus von fünf bis zu zehn Jahren, wenn der Angeklagte in diesem Strafverfahren zu Gefängnis über fünf Jahre verurteilt wurde;
2. Zuchthaus nicht unter zehn Jahren, wenn der Angeklagte zum Tode verurteilt wurde.

Art. 197. Die Strafe für Meineid oder falsche Aussage entfällt

1. wenn die Person durch Aussage oder Bekundung der Wahrheit sich selbst einer strafbaren Handlung angeklagt hätte;
2. wenn die Person das Recht hatte, es abzulehnen, für die That als Zeuge, Sachverständiger, Übersetzer oder Dolmetsch zu dienen, hiervon aber seitens des Gerichtes nicht unterrichtet wurde;
3. wenn die Person vor der zuständigen öffentlichen Behörde ihren Meineid oder ihre falsche Aussage widerruft, bevor dies entdeckt oder deswegen ein Strafverfahren eingeleitet ist und bevor durch den Meineid oder die falsche Aussage einem andern ein Nachteil zugefügt ist.

Art. 198. Wer einen andern zu falscher Beeidung oder Aussage anstiftet oder verleitet, wird mit Gefängnis bis zu zwei Jahren bestraft.

Betrifft dies ein Strafverfahren, so tritt Gefängnis nicht unter einem Monat ein.

Art. 199. Wegen des in den Artt. 193 alin. 1 und 196 vorgesehenen Verbrechens ist gegen den Schuldigen auf Entziehung der in Art. 30 No. 1 bis 4 und 7 aufgeführten Rechte zu erkennen.

Kommt Art. 198 zur Anwendung, so tritt Entziehung der in Art. 30 No. 1 und 2 aufgeführten Rechte ein.

Kapitel X.
Falsche Anschuldigung.

Art. 200. Wer einen andern mit dem Bewufstsein der Nichtschuld desselben bei einer Behörde eines Verbrechens anschuldigt oder erdichtete oder falsche Beweise gegen ihn vorbringt, wird bestraft

1. mit Zuchthaus bis zu fünf Jahren, wenn die falsche Anschuldigung ein Verbrechen betrifft;
2. mit Gefängnis bis zu einem Jahre in allen andern Fällen.

Ist im ersten Fall der fälschlich Angeschuldigte verurteilt worden, so wird der Thäter gemäss der in Art. 196 aufgestellten Unterscheidung verfolgt.

Gegen den Schuldigen kann auf Entziehung der in Art. 30 No. 1—4 und 7 aufgeführten Rechte erkannt werden.

Art. 201. Zieht die Anschuldigung kein Strafverfahren gegen den Angeschuldigten nach sich, so wird der Thäter nur auf Antrag verfolgt und mit Gefängnis bis zu einem Jahre bestraft.

Art. 202. Wegen der in Art. 201 vorgesehenen Verbrechen kann gegen den Schuldigen auf Entziehung der in Art. 30 No. 1 und 2 aufgeführten Rechte erkannt werden.

Art. 203. Wird jemand wegen eines im gegenwärtigen Kapitel vorgesehenen Verbrechens verurteilt, so kann das Urteil veröffentlicht werden, wenn der Verletzte dies wünscht.

Kapitel XI.
Gotteslästerung und andre Religionsverbrechen.

Art. 204. Wer Gott in der in Art. 172 bezeichneten Weise lästert, wird mit Gefängnis bis zu einem Jahre bestraft.

Art. 205. Wer mit Gewalt oder Drohung eine erlaubte gottesdienstliche Handlung, Feierlichkeit oder Solennität hindert oder stört, wird mit Gefängnis bis zu einem Jahre bestraft.

Art. 206. Wer an dem Orte oder zu der Zeit, wo und wann eine gottesdienstliche Handlung, Feierlichkeit stattfindet,

1. beschimpfenden Unfug an dem Gottesdienste gewidmeten Gegenständen verübt oder sie in solcher Absicht zerstört oder beschädigt;
2. öffentliches Ärgernis durch sein unschickliches Betragen erregt und
3. in der in Art. 172 bezeichneten Weise ein im Staate erlaubtes Glaubensbekenntnis beschimpft,

wird mit Gefängnis bis zu einem Jahre bestraft.

Art. 207. Wer ein Grab entweiht oder unbefugt einen menschlichen Leichnam aus dem Grabe reifst oder wegnimmt, wird mit Gefängnis bis zu einem Jahre bestraft.

Gleicher Strafe unterliegt, wer unbefugt einen solchen herausgerissenen oder fortgenommenen Leichnam an einen andern Ort verbringt, verbirgt oder fortträgt.

Kapitel XII.
Verbrechen gegen den Personenstand.

Art. 208. Wer vorsätzlich ein kleines Kind vertauscht, verbirgt, unterschiebt oder auf andre Weise den Personenstand eines andern verdunkelt und unterdrückt oder aber den Familienstand eines andern fälscht, wird mit Gefängnis bis zu zwei Jahren bestraft.

Ist die Handlung in gewinnsüchtiger Absicht begangen, so tritt Zuchthaus bis zu fünf Jahren ein.

Art. 209. Wer bei Eingehung einer Ehe dem andern Teil ein gesetzlich bestehendes Ehehindernis verschweigt oder durch Täuschung ihn zur Eheschliefsung verleitet, wird, wenn darauf die Ehe für ungiltig erklärt ist, mit Gefängnis nicht unter sechs Monaten bestraft.

Verfolgung wegen dieser Verbrechen wird in beiden Fällen nur auf Antrag des Verletzten eingeleitet; die Verjährungsfrist beträgt sechs Monate und läuft vom Tage der Ungiltigkeitserklärung der Ehe.

Zurücknahme des Antrags hemmt die Fortführung des Strafverfahrens nicht.

Kapitel XIII.
Mehrfache Ehe.

Art. 210. Wer während des Bestehens einer giltigen Ehe noch eine andre schliefst, wird mit Zuchthaus bis zu fünf Jahren bestraft.

Gleicher Strafe unterliegt, wer zu einer Eheschliefsung mit einer Person schreitet, von der er weifs, dafs sie giltig verheiratet ist.

Art. 211. Wer eine Doppelehe unter Täuschung oder Trug eingeht, wird mit Zuchthaus bis zu sieben Jahren bestraft.

Art. 212. Die im gegenwärtigen Kapitel gegebene Vorschrift findet auf solche Personen keine Anwendung, deren Glaubensbekenntnis eine mehrfache Ehe gestattet.

Art. 213. Wer eine fremde, gesetzlich noch nicht geschiedene Frau, oder eine Frau, die einen gesetzlich noch nicht geschiedenen Mann zu sich nimmt, wird, wenn sie ungesetzlich mit einander leben (Konkubinat), mit Gefängnis bis zu einem Jahre bestraft.

Kapitel XIV.

Unzucht.

Art. 214. Wer mit einem Kinde unter dreizehn Jahren Unzucht treibt, wird mit Zuchthaus bis zu fünf Jahren bestraft.

Anm. Unter „Unzucht" wird jede zum Zweck der Erregung oder Befriedigung des Geschlechtstriebes begangene Handlung, ausgenommen Beischlaf, verstanden.

Art. 215. Gefängnis nicht unter drei Monaten trifft denjenigen,

1. der mit einer Person im Alter von dreizehn bis zu sechzehn Jahren ohne deren Einwilligung oder zwar mit dieser, aber ohne dafs sie das Wesen und die Bedeutung der That versteht, Unzucht treibt;
2. der mit einer Person über fünfzehn Jahre ohne deren Einwilligung Unzucht treibt.

Art. 216. Päderastie zwischen Personen über sechzehn Jahren und Sodomie wird mit Gefängnis nicht unter sechs Monaten bestraft.

Art. 217. Wird die in den Artt. 214, 215 und 216 bezeichnete unzüchtige Handlung begangen

1. mit Descendenten,
2. mit einer Person, die sich in der Gewalt oder Aufsicht des Thäters befindet,
3. mit einer Person, die dazu durch Gewalt oder Drohung gegen ihr Leben oder ihre Gesundheit oder die eines ihrer Angehörigen gezwungen wurde,

so tritt im Fall des Art. 214 Zuchthaus von drei bis zu sechs Jahren, in den Fällen der Artt. 215 und 216 Zuchthaus bis zu fünf Jahren ein.

Art. 218. Beischlaf, vollzogen

1. mit einem Mädchen, das noch nicht volle dreizehn Jahre alt ist,
2. mit einem Mädchen von dreizehn bis zu sechzehn Jahren gemäfs und mit seiner Einwilligung, doch ohne Verständnis für das Wesen und die Bedeutung der That,
3. mit einer Frauensperson, deren Geisteskrankheit oder bewufstlosen Zustand der Thäter kannte,

wird im ersten und dritten Falle mit Zuchthaus von drei bis zu sechs Jahren, im zweiten bis zu fünf Jahren bestraft.

Art. 219. Beischlaf mit einer Frauensperson, die zufolge Täuschung mit ihrem Manne zu verkehren glaubte, wird mit Gefängnis nicht unter drei Monaten bestraft.

War das Mittel der Täuschung eine vorgegebene Heirat, so tritt Zuchthaus bis zu fünf Jahren ein.

Art. 220. Beischlaf mit einer Frauensperson,

1. die der Möglichkeit der Gegenwehr beraubt ist und ohne ihre Einwilligung,
2. die zur Duldung durch Gewalt gegen ihre Person oder durch Drohung mit Tötung oder schwerer Körperverletzung (Art. 263) oder durch Verübung dieser Handlungen gegen einen ihrer Angehörigen genötigt wird,
3. die im voraus durch den Thäter oder einen andern bewufstlos gemacht ist,

wird als Notzucht mit Zuchthaus von drei bis zu zehn Jahren bestraft;

4. ist die Genotzüchtigte jünger als sechzehn Jahre, so tritt Zuchthaus von fünf bis zu zwölf Jahren ein;
5. ist der Tod der Person die Folge des Verbrechens, so tritt lebenslängliches Zuchthaus ein.

Art. 221. Sind die in den Artt. 218–220 erwähnten Verbrechen begangen

1. mit Ascendenten oder Descendenten,
2. mit einer unter der Gewalt oder Aufsicht des Thäters befindlichen Person,

so tritt

1. Zuchthaus von drei bis zu acht Jahren — in den Fällen der Artt. 218 und 219 ein;
2. Zuchthaus von fünf bis zu zwölf Jahren — in den Fällen des Art. 220 No. 1, 2 und 3;
3. Zuchthaus von acht bis zu fünfzehn Jahren — in den Fällen des Art. 220 No. 4 und 5.

Aufserdem kann gegen den Schuldigen — wenn es der Vater oder die Mutter, der Grofsvater oder die Grofsmutter ist — auf Entziehung der elterlichen Rechte erkannt werden.

Art. 222. Wer ein Mädchen unter einundzwanzig Jahren, das er unter seiner Gewalt oder Aufsicht hat, verführt und mit ihr den Beischlaf vollzieht, wird mit Gefängnis bis zu einem Jahre bestraft, wenn er nicht der Strafe des Art. 221 No. 2 erste Abt. verfällt.

Art. 223. Wer ein Mädchen unter sechzehn Jahren unter dem Versprechen der Eheschliefsung der Jungfernschaft beraubt, wird, wenn er sein Versprechen nicht hält, mit Gefängnis nicht unter drei Monaten bestraft.

Art. 224. Beischlaf zwischen Ascendenten und Descendenten wird, wenn die That nicht unter die Artt. 218, 219 und 220 fällt, als Blutschande bestraft

1. an Ascendenten mit Zuchthaus von drei bis zu sechs Jahren,
2. an Descendenten mit Zuchthaus bis zu fünf Jahren, falls sie jünger als einundzwanzig Jahre sind, mit Gefängnis von einem Monat bis zu zwei Jahren.

Art. 225. Gefängnis bis zu zwei Jahren tritt ein bei Beischlaf

1. zwischen Geschwistern, Geschwisterkindern ersten Grades und Verwandten (mütterlicherseits) des Schwiegersohnes und der Schwiegertochter zweiten Grades;
2. zwischen Verschwägerten auf- und absteigender Linie (Art. 540).

Art. 226. Wegen der in den Artt. 224 und 225 erwähnten Verbrechen werden Descendenten oder Verschwägerte wie auch eben genannte Verwandte des weiblichen Geschlechts unter sechzehn Jahren nicht bestraft.

Art. 227. Ehebruch, der kraft eines in Rechtskraft erwachsenen Urteils Scheidung oder Trennung der Ehegatten zur Folge hatte, wird mit Gefängnis bis zu einem Jahre bestraft.

Einleitung der Klage auf Scheidung oder Trennung unterbricht die Verjährung; letztere läuft von dem Tage, an dem das Urteil in Rechtskraft erwachsen ist, von Neuem.

Verfolgung tritt nur auf Antrag des beleidigten Gatten ein.

Art. 228. Wer zu Unzucht oder Beischlaf verkuppelt

1. eine Person unter sechzehn Jahren,
2. ein, wie der Kuppler weiſs, unbescholtenes Mädchen von sechzehn bis zu einundzwanzig Jahren,
3. eine Schülerin oder ein der Gewalt oder Aufsicht des Thäters unterworfenes Mädchen von sechzehn bis zu einundzwanzig Jahren,
4. Personen, bei denen der Beischlaf nach den Artt. 224 und 225 als Blutschande gilt,
5. seine rechtmäſsige Ehefrau oder Tochter oder ein Adoptivkind,

wird, wenn er nicht der Bestrafung als Teilnehmer an den im gegenwärtigen Kapitel vorgesehenen Verbrechen unterliegt, mit Gefängnis von drei Monaten bis zu zwei Jahren bestraft.

Art. 229. Wer durch Schamlosigkeit öffentliches Ärgernis erregt, wird mit Gefängnis bis zu drei Monaten bestraft.

Art. 230. Wer unzüchtige Bilder oder Druckerzeugnisse verkauft, verbreitet oder öffentlich ausstellt, wird mit Gefängnis bis zu drei Monaten bestraft.

Wer solche Bilder oder Druckerzeugnisse, die mit seinem Wissen verbreitet oder öffentlich ausgestellt werden, anfertigt oder abfaſst, wird mit Gefängnis bis zu sechs Monaten bestraft.

Solche Erzeugnisse werden eingezogen.

Art. 231. Wegen Unzucht kann gegen den Schuldigen auf Entziehung der in Art. 30 No. 1, 2, 4, 5 und 6 aufgeführten Rechte erkannt werden.

Art. 232. Wegen der in den Artt. 215, 218 No. 2, 219, 222 und 223 erwähnten Verbrechen wird die Strafverfolgung nur auf Antrag des Verletzten eingeleitet.

Art. 233. Wegen der im gegenwärtigen Kapitel vorgesehenen Verbrechen, mit Ausnahme des Falles in Art. 220, entfällt die Bestrafung, wenn zwischen dem Verletzten und dem Thäter später eine giltige Ehe geschlossen wird.

Kapitel XV.
Ehrenkränkung.

Art. 234. Wer in Gegenwart eines andern etwas die Würde oder Ehre desselben oder die Würde oder Ehre seiner Eltern, Kinder beider Geschlechter, Geschwister, wenn auch verstorbener, Herabwürdigendes bewufst behauptet oder aussagt, wird wegen Beleidigung mit Gefängnis bis zu sechs Monaten und mit Geldstrafe bis zu fünfhundert Lew bestraft.

Art. 235. Wer in Bezug auf einen andern ehrenrührige Thatsachen oder Handlungen verbreitet oder ihm strafbare Handlungen zuschreibt, wird wegen Verleumdung mit Gefängnis bis zu einem Jahre und mit Geldstrafe bis zu viertausend Lew bestraft.

Art. 236. Gefängnis bis zu zwei Jahren und Geldstrafe bis zu fünftausend Lew tritt ein bei Beleidigung und Verleumdung

1. des Staatsoberhauptes oder des diplomatischen Chefs eines fremden Staates;
2. eines Geistlichen bei Abhaltung des Gottesdienstes oder Vornahme religiöser Zeremonieen;
3. einer öffentlichen Behörde oder eines Organs derselben zur Zeit oder aus Anlafs der Erfüllung ihrer Amtsobliegenheiten;
4. der Mutter oder des ehelichen Vaters, wie auch des unehelichen Vaters, dem der Thäter für Erziehung und Unterhalt verpflichtet ist;
5. durch ein Druckerzeugnis, Bild oder Schriftstück, die mit Wissen des Thäters verbreitet werden;
6. wenn sie öffentlich begangen ist;
7. wenn sie seitens eines Beamten oder Organs der öffentlichen Gewalt bei Erfüllung ihrer Amtsobliegenheiten begangen ist.

Art. 237. Erwidert der Beleidigte die Beleidigung sofort mit einer Beleidigung oder Verleumdung, so kann das Gericht den einen oder auch beide Angeklagte zu einer der Art wie der Höhe nach niedrigeren Strafe als der gesetzlich bestimmten verurteilen oder auch sie ganz freisprechen.

Art. 238. Die in Art. 237 gegebene Vorschrift kommt in den in Art. 236 No. 1—5 und 7 aufgeführten Fällen nicht zur Anwendung.

Art. 239. Ein wegen Verleumdung Angeklagter bleibt straflos, wenn er den Beweis liefert

1. für die Wahrheit der behaupteten Thatsache, des Aktes oder der strafbaren Handlung oder
2. dafür, dafs er dies zum Nutzen des Staates oder der Gesellschaft oder zum Schutze seiner persönlichen Ehre oder der Ehre seiner Familie gethan hat.

Doch kann auch in diesem Fall der Angeklagte wegen Beleidigung verurteilt werden, wenn die Beleidigung in der Form der Behauptung liegt.

Art. 240. Ein wegen Verleumdung Angeklagter kann sich auf die Vorschrift des Art. 239 nicht berufen, wenn

1. die behauptete Thatsache das Privat- oder Familienleben des Verleumdeten betrifft;
2. die angebliche strafbare Handlung auf Antrag verfolgt wird, der Verletzte aber ein Strafverfahren nicht verlangt hat und
3. die behauptete Thatsache oder angebliche strafbare Handlung sich auf das Staatsoberhaupt und die Mitglieder seiner Familie oder auf das Staatsoberhaupt und den diplomatischen Chef eines fremden Staates bezieht.

Art. 241. Ein Strafverfahren wegen einer Verleumdung, die eine Handlung betrifft, welche eine Strafverfolgung nach sich gezogen hat, wird nicht eingeleitet und ein eingeleitetes eingestellt, wenn das in dieser Sache erlassene Urteil nicht in Rechtskraft erwächst oder die Sache nicht erledigt ist.

Art. 242. Ein wegen Verleumdung oder Beleidigung erlassenes Urteil wird veröffentlicht, wenn der Verleumdete oder Beleidigte dies verlangt.

Art. 243. Wer bewufst eine unwahre Thatsache behauptet, die den kaufmännischen oder gewerblichen Kredit oder den Ruf einer Person, Gesellschaft oder Anstalt oder das Vertrauen in die Fähigkeit einer Person für ihren Beruf oder ihr Gewerbe untergräbt, wird mit Gefängnis von einem Monat bis zu einem Jahre und mit Geldstrafe bis zu tausend Lew bestraft.

Geschieht dies öffentlich, durch Verbreitung eines Druckwerkes, eines Bildes oder einer Schrift mit Wissen des Thäters, so tritt Gefängnis von einem Monat bis zu zwei Jahren und Geldstrafe bis zu zweitausend Lew ein.

Art. 244. Wegen Beleidigung oder Verleumdung wird ein Strafverfahren nur auf Antrag des Verletzten eingeleitet; ist dieses eine öffentliche Behörde oder ihr Organ, so wird die Verfolgung von Amtswegen (ex officio) eingeleitet und zwar auf Verfügung

1. des Ministerrates,
   a) wenn die Verleumdung oder Beleidigung gegen die Nationalversammlung oder einen Ausschufs ihrer Kommissionen oder Deputationen gerichtet ist und
   b) wenn die Verleumdung oder Beleidigung sich auf die bulgarische Regierung allgemein bezieht;
2. des betreffenden Ministers, wenn die Verleumdung oder Beleidigung gegen seine Person oder gegen unmittelbar ihm unterstehende Anstalten oder Organe gerichtet ist;
3. des direkten Vorgesetzten des verleumdeten oder beleidigten Organs der öffentlichen Gewalt.

Art. 245. Wegen Beleidigung oder Verleumdung des Oberhauptes und des diplomatischen Chefs eines fremden Staates wird Strafverfolgung von Amtswegen eingeleitet, wenn dies in der üblichen diplomatischen Verkehrsform verlangt wird.

Art. 246. Bei einer direkt gegen einen Verstorbenen gerichteten Beleidigung oder Verleumdung hängt die Einleitung des Strafverfahrens von den Kindern, Eltern, Geschwistern oder dem Ehegatten des Verstorbenen ab.

Kapitel XVI.
Verbrechen gegen das menschliche Leben.

Art. 247. Wer vorsätzlich einen andern tötet, wird wegen vorsätzlicher Tötung mit Zuchthaus nicht unter zehn Jahren bestraft.

Wer vorsätzlich mit Überlegung einen andern tötet, wird mit dem Tode bestraft.

Art. 248. Vorsätzliche Tötung wird mit lebenslänglichem Zuchthaus bestraft, wenn sie erfolgt

1. gegen das Oberhaupt eines fremden Staates;
2. gegen einen Geistlichen bei Abhaltung des Gottesdienstes oder Vornahme religiöser Zeremonieen;
3. gegen ein Organ der öffentlichen Gewalt zur Zeit oder aus Anlafs der Erfüllung ihrer Amtsobliegenheiten;
4. gegen die Mutter oder den ehelichen Vater oder auch den unehelichen Vater, dem der Thäter für Erziehung und Unterhalt verpflichtet ist;
5. gegen zwei oder mehr Personen oder gegen eine Schwangere;
6. in einer für Leben oder Gesundheit Vieler gefährlichen Art oder Form;
7. unter Zufügung von Martern;
8. in gewinnsüchtiger Absicht;
9. zum Zwecke erleichterter Begehung eines andern Verbrechens:
10. durch Vergifung.

Art. 249. Ist der Vorsatz in einer heftigen Gemütserregung gefafst und sofort ausgeführt worden, so wird vorsätzliche Tötung mit Zuchthaus von drei bis zu zehn Jahren und in den Fällen des Art. 248 mit Zuchthaus von fünf bis zu fünfzehn Jahren bestraft.

Wurde die heftige Gemütserregung von dem Getöteten durch Gewalt, Beleidigung oder Verleumdung gegen den Thäter oder einen seiner Angehörigen hervorgerufen und die Tötung sofort in dieser Gemütsbewegung begangen, so tritt Zuchthaus bis zu fünf Jahren und in den Fällen des Art. 248 Zuchthaus bis zu acht Jahren ein.

Art. 250. Tötung mit Überschreitung der Grenzen der Notwehr und nicht lediglich zum Schutze des Lebens wird mit Gefängnis bis zu zwei Jahren bestraft.

Art. 251. Tötung auf ausdrückliches Verlangen des Getöteten wird mit Zuchthaus bis zu fünf Jahren bestraft.

Geschah sie aus Mitleid für den Getöteten, so tritt Gefängnis nicht unter drei Monaten ein.

Art. 252. Wer einem andern die Mittel zum Selbstmorde verschafft oder in irgend welcher Weise ihm dazu behilflich ist, wird, wenn der Selbstmord oder ein Versuch desselben erfolgt, mit Gefängnis bestraft.

Art. 253. Wer eine unmündige Person oder eine solche Person, die, wie der Thäter weifs, nicht fähig ist, ihre Handlungen zu leiten oder das Wesen und die Bedeutung der That zu verstehen, zum Selbstmorde verleitet; ebenso wer vorsätzlich Rat erteilt, Mittel verschafft oder in irgend welcher Weise zur Begehung eines Selbstmordes behilflich ist, wird, wenn der Selbstmord oder ein Versuch desselben erfolgt, mit Zuchthaus von fünf bis zu zehn Jahren bestraft.

Art. 254. Eine Mutter, die ihr eheliches oder uneheliches Kind in der Geburt oder sofort nach ihr tötet, wird mit Zuchthaus bis zu fünf Jahren bestraft.

Art. 255. Tötung einer nicht geborenen oder eben erst geborenen Leibesfrucht von unnatürlichem Aussehen seitens des Vaters wird mit Gefängnis bestraft.

Art. 256. Wer zu der in Art. 247 und 248 erwähnten Tötung sich selbst anschickt oder einen andern dazu anstiftet, wird mit Gefängnis bis zu zwei Jahren bestraft.

Art. 257. Wer durch Unvorsichtigkeit den Tod eines Menschen verursacht, wird mit Gefängnis nicht unter sechs Monaten bestraft.

Art. 258. Wer den Tod eines Menschen durch Unwissenheit in seinem Berufe oder seinem Gewerbe oder durch dessen unvorsichtige Ausübung verursacht oder den dafür erlassenen Verordnungen nicht nachkommt, wird mit Gefängnis nicht unter sechs Monaten und mit Geldstrafe bis zu fünftausend Lew bestraft.

Aufserdem kann dem Schuldigen die Ausübung seines Berufs oder seiner Thätigkeit untersagt, auch das Urteil veröffentlicht werden.

Anm. Die in diesem Artikel gegebenen Vorschriften kommen auf die Mutter nicht zur Anwendung, die den Tod ihrer ungeborenen oder eben erst geborenen Leibesfrucht verursacht.

Art. 259. Eine Mutter, die ihre ungeborene Leibesfrucht tötet, wird mit Gefängnis nicht unter einem Jahr bestraft.

War die Leibesfrucht eine aufserehelich erzeugte, so tritt Gefängnis nicht unter sechs Monaten ein.

Art. 260. Wer eine ungeborene Leibesfrucht tötet, wird mit Zuchthaus bis zu fünf Jahren bestraft.

Wurde die Tötung ohne Einwilligung der Schwangeren verübt, so tritt Zuchthaus von drei bis zu sechs Jahren ein.

Ist im zweiten Fall der Tod der Schwangeren die Folge gewesen, so tritt Zuchthaus von zehn bis zu fünfzehn Jahren ein.

Ist der Thäter ein Arzt oder ein Apotheker oder eine Hebamme, so kann auf Untersagung der Ausübung des Berufes erkannt werden.

Art. 261. Wegen der in den Artt. 247, 248 und 253 und 260 zweiten und dritten Fall erwähnten Verbrechen ist gegen den Schuldigen auf Entziehung der in Art. 30 No. 1—3 und 6 aufgeführten Rechte zu erkennen.

In den übrigen Fallen, die in diesem Kapitel vorgesehen sind, ausgenommen fahrlässige Verursachung des Todes, kann gegen den Schuldigen auf Entziehung der in Art. 30 No. 1 und 2 aufgeführten Rechte erkannt werden.

Art. 262. Hinterläfst der verbrecherisch Getötete Personen, für deren Unterhalt er zu sorgen verpflichtet war, so erkennt das Gericht zum Vorteil derselben auf entsprechende Entschädigung, die nach Umständen in Kapital oder in einer jährlichen Rente gezahlt werden kann.

Kapitel XVII.
Körperverletzung.

Art. 263. Wer einem andern eine schwere Körperverletzung zufügt, wird mit Zuchthaus von drei bis zu zehn Jahren bestraft.

Schwere Körperverletzung liegt vor:

wenn Geisteskrankheit, Blindheit, Taubheit oder Stummheit verursacht ist; wenn ein Fufs oder eine Hand verloren oder für immer verstümmelt oder Zeugungsunfähigkeit verursacht ist; wenn eine Entstellung herbeigeführt ist, die eine Störung des Sprechvermögens oder eines Sinnesorgans auf immer zur Folge hat oder aber eine dauernde, allgemeine, lebensgefährliche Gesundheitsstörung verursacht ist.

Art. 264. Wer einem andern eine (erhebliche)*) Körperverletzung zufügt, wird mit Gefängnis nicht unter sechs Monaten bestraft.

(Erhebliche)*) Körperverletzung liegt vor:

bei Schwächung der Sehkraft, des Gehörs oder der Sprache, Erschwerung der Bewegungsfähigkeit der Gliedmafsen oder Verletzung der Zeugungsorgane ohne Verursachung von Zeugungsunfähigkeit, Ausschlagen von Zähnen, sodafs das Kauen oder Sprechen erschwert ist, Verunstaltung des Körpers, dauernder lebensungefährlicher Gesundheitsstörung oder zeitweilig lebensgefährlicher, endlich bei einer Verwundung, die in die Kopf-, Brust- oder Bauchhöhle eindringt.

Art. 265. Wer eine leichte Körperverletzung verursacht, wird mit Gefängnis bis zu sechs Monaten bestraft.

Leichte Körperverletzung ist Gesundheitsschädigung, ausgenommen die Fälle der Artt. 263 und 264, und Verursachung von Schmerzen oder eines Leidens.

Art. 266. Ist eine Körperverletzung begangen

1. gegen das Oberhaupt oder den diplomatischen Chef eines fremden Staates,
2. gegen einen Geistlichen bei Abhaltung des Gottesdienstes oder Vornahme religiöser Zeremonieen;
3. gegen ein Organ der öffentlichen oder Gemeindegewalt zur Zeit oder aus Anlafs der Erfüllung seiner Amtsobliegenheiten,
4. gegen die Mutter oder den ehelichen Vater oder aber den unehelichen Vater, dem der Thäter für Erziehung oder Unterhalt verpflichtet ist,
5. in einer für den Verletzten besonders qualvollen Weise,
6. gegen eine Schwangere mit nachfolgender Frühgeburt,
7. mit tödlichem Ausgange,
8. bei Ausübung von Amtsobliegenheiten,
9. mittels Vergiftung,

so tritt Zuchthaus von fünf bis zu zwölf Jahren ein, wenn sie eine schwere ist (Art. 263), Zuchthaus bis zu fünf Jahren, wenn sie eine erhebliche ist (Art. 264), Gefängnis bis zu einem Jahre, wenn sie eine leichte ist (Art. 265).

Art. 267. Ist der Vorsatz der Körperverletzung in einer durch Gewalt, Beleidigung oder Verleumdung des Verletzten gegen den Thäter

*) Zusatz des Übersetzers.

oder seine Angehörigen hervorgerufenen heftigen Gemütserregung gefafst und ausgeführt worden, so tritt

1. Gefängnis nicht unter sechs Monaten ein, wenn die Verletzung eine schwere ist;
2. Gefängnis von einem Monat bis zu einem Jahre, wenn sie eine erhebliche ist;
3. Gefängnis bis zu zwei Monaten und Geldstrafe bis zu fünfhundert Lew, wenn sie eine leichte ist.

Art. 268. Wegen einer leichten Körperverletzung kann das Gericht den Schuldigen straffrei lassen, wenn der Verletzte sich an ihm durch Zufügung einer Körperverletzung gerächt hat.

Art. 269. Schwere Körperverletzung unter Überschreitung der Grenzen der Notwehr und nicht lediglich zum Schutze des Lebens wird mit Gefängnis bis zu sechs Monaten bestraft.

Art. 270. Sind die in den Artt. 263—264 erwähnten Verletzungen fahrlässig begangen, so tritt Gefängnis bis zu sechs Monaten und Geldstrafe bis zu tausend Lew ein.

Hat der Thäter eine solche Verletzung durch Unwissenheit in seinem Berufe oder in seinem Gewerbe oder durch dessen unvorsichtige Ausübung verursacht oder ist er den dafür erlassenen Verordnungen nicht nachgekommen, so tritt Gefängnis von einem Monate bis zu einem Jahre und Geldstrafe bis zu zweitausend Lew ein.

Im zweiten Falle kann das Gericht dem Schuldigen zeitweilig die Ausübung seines Berufes oder seiner Thätigkeit untersagen, sowie Veröffentlichung des Urteils anordnen.

Art. 271. Leichte Körperverletzung bleibt straflos, wenn sie keine körperliche Störung verursachte und zum Zwecke häuslicher Zucht und von einer Person zugefügt wurde, die elterliche oder ähnliche Gewalt über den Verletzten hat.

Art. 272. Wegen der in den Artt. 264, 265 und 270 erstes Alinea vorgesehenen Verbrechen und in den Fällen erheblicher und leichter Körperverletzung gemäfs Art. 266 No. 1, 4, 5 und 6 tritt ein Strafverfahren nur auf Antrag des Verletzten ein.

Art. 273. In den im gegenwärtigen Kapitel erwähnten Fällen wird auf Wunsch des Geschädigten und zu seinem Nutzen eine entsprechende Entschädigung zugesprochen, die, falls die Krankheit längere Zeit dauern sollte oder derselbe zur Arbeit nicht fähig wäre, ein für alle mal in einem bestimmten Kapitalsbetrage oder in einer Jahresrente zu zahlen ist, wobei die persönlichen oder Familienverhältnisse des Verletzten wie des Thäters in Betracht gezogen werden.

Kapitel XVIII.
Zweikampf.

Art. 274. Zweikampf ist regelrechter, mittels entsprechender Herausforderung vereinbarter Kampf zwischen zwei Personen mit tödlichen Waffen in Gegenwart mindestens eines Sekundanten auf jeder Seite.

Art. 275. Wer in einem Zweikampf seinem Gegner eine andre als eine leichte Körperverletzung zufügt, wird mit Gefängnis nicht unter einem Monat bestraft.

Art. 276. Wer in einem Zweikampf seinen Gegner tötet, wird mit Zuchthaus bis zu fünf Jahren bestraft.

War Kampf bis zum Tode vereinbart, so tritt Zuchthaus bis zu sieben Jahren ein.

Art. 277. Mit Gefängnis bis zu einem Jahre wird bestraft,

1. wer einen andern zum Zweikampf oder zur Erneuerung des Zweikampfs herausfordert, falls dieser erfolgt;
2. wer als Sekundant nicht die üblichen Mittel anwendet, die Gegner zu versöhnen.

Anm. Die bei einem Zweikampf anwesenden Ärzte und Zeugen werden nicht bestraft; ebensowenig Sekundanten, die den Zweikampf zu hindern suchten.

Art. 278. Wer vorsätzlich zum Nachteil des Gegners die vereinbarten oder üblichen Regeln des Zweikampfs übertritt und ihn tötet oder ihm eine schwere Körperverletzung zufügt, wird wegen Tötung oder schwerer Körperverletzung bestraft.

Nach dieser Vorschrift wird auch derjenige bestraft, der den Schuldigen zu einer solchen Überschreitung auffordert oder ihm dazu behilflich ist oder vorsätzlich dies zu hindern unterläfst.

Art. 279. Wer sich in einen Zweikampf mit einer unmündigen Person einläfst, wird mit Gefängnis von drei Monaten bis zu zwei Jahren bestraft.

Wird der Gegner getötet oder schwer körperlich verletzt, so tritt Bestrafung wegen Tötung oder schwerer Körperverletzung ein.

Kapitel XIX.
Verlassen in hilfloser Lage.

Art. 280. Wer eine Person, die wegen Jugend, hohen Alters*), Krankheit, körperlicher Gebrechen oder Bewufstlosigkeit für sich selbst zu sorgen nicht im stande ist, in ein ihr Leben gefährdenden Weise aussetzt und darum wissend ihr nicht zu Hilfe eilt, wird wegen Verlassens in hilfloser Lage mit Zuchthaus nicht unter fünf Jahren bestraft.

Art. 281. Wer kraft Gesetzes oder Übereinkommens zur Fürsorge für einen Verlassenen verpflichtet ist und sich des in Art. 280 erwähnten Verbrechens schuldig macht, wird mit Zuchthaus von zwei bis zu sechs Jahren bestraft.

Art. 282. Wer kraft Gesetzes oder Übereinkommens zur Fürsorge für eine Person verpflichtet ist, die wegen Jugend, Alter, Krankheit, körperlicher Gebrechen oder Bewufstlosigkeit für sich selbst zu sorgen nicht im stande ist und, trotzdem er weifs, dafs sie in der in Art. 280 bezeichneten Weise verlassen ist, wenn auch nicht von ihm, derselben nicht zu Hilfe eilt, wird mit Gefängnis nicht unter sechs Monaten bestraft.

Art. 283. Mit Gefängnis nicht unter zwei Jahren wird bestraft

1. ein Führer, der eigenmächtig oder unter Täuschung den von ihm Begleiteten verläfst (Art. 280);

---

*) Über 65 Jahre, vgl. Art. 539.

2. ein Schiffskapitän, der in gleicher Weise einen der Angestellten oder Reisenden auf dem Schiff verläſst.

Art. 284. Wer kraft Gesetzes oder Übereinkommens für ein Kind zu sorgen verpflichtet ist und dies vorsätzlich unterläſst, ohne es jedoch zu verlassen (Art. 280), wird mit Gefängnis bis zu einem Jahre bestraft.

Art. 285. Wer kraft Gesetzes oder Übereinkommens zu Wartung, Aufnahme oder Begleitung von Kranken oder Bewuſstlosen verpflichtet ist, und ohne triftige Gründe seinen Verpflichtungen nicht nachkommt, wird, wenn das Leben des Hilflosen dadurch einer Gefahr ausgesetzt sein kann, mit Gefängnis bis zu drei Monaten und mit Geldstrafe bis zu sechshundert Lew bestraft.

Art. 286. Ärzte oder Hebammen, die ihren Beruf betreiben und herbeigerufen ohne triftige Gründe Kranken oder Wöchnerinnen nicht zu Hilfe eilen, werden mit Gefängnis bis zu drei Monaten und mit Geldstrafe bis zu tausend Lew bestraft.

War der Schuldige mit dem gefährlichen Zustand des Kranken oder der Wöchnerin bekannt, so tritt Gefängnis bis zu sechs Monaten und Geldstrafe bis zu zweitausend Lew ein.

Das Urteil wird veröffentlicht.

Art. 287. Wegen Verlassens in hilfloser Lage (Artt. 280—284) kann gegen den Schuldigen auf Entziehung des in Art. 30 No. 4 genannten Rechtes, im Falle des Art. 286 auch des in Art. 30 No. 5 genannten erkannt werden.

Kapitel XX.
Verbrechen gegen die persönliche Freiheit und die Unverletzlichkeit der Wohnung.

Art. 288. Wer widerrechtlich einen andern der Freiheit beraubt, indem er ihn selbst festnimmt oder einsperrt oder dies durch einen andern thun läſst, wird mit Gefängnis bis zu einem Jahre bestraft.

Dauert die Freiheitsentziehung länger als eine Woche, so tritt Zuchthaus bis zu fünf Jahren ein.

Art. 289. Wegen des in Art. 288 vorgesehenen Verbrechens tritt im ersten Fall Gefängnis von einem Monat bis zu zwei Jahren, im zweiten Fall Zuchthaus von zwei bis zu fünf Jahren ein, wenn es begangen ist

1. gegen die Mutter oder den ehelichen Vater oder auch den unehelichen Vater, dem der Thäter für Erziehung und Unterhalt verpflichtet ist;
2. gegen ein Organ der Obrigkeit zur Zeit und aus Anlaſs der Erfüllung seiner Amtsobliegenheiten;
3. seitens eines Organs der Obrigkeit, das sich hierbei eines Amts- oder Gewaltmiſsbrauchs schuldig macht und
4. in qualvoller oder für das Leben des Festgehaltenen oder Eingesperrten gefährlichen Weise, falls nicht hierin ein schwereres Verbrechen liegt.

Art. 290. Wer mittels Gewalt, Drohung oder Täuschung eine Person der Freiheit beraubt, indem er

1. eine geistesgesunde Person unter dem Vorwande, sie sei geisteskrank, in eine Irrenanstalt,

2. eine nicht in die Register der Lustdirnen eingetragene Frauensperson in ein Bordell

verbringt und festhält, wird mit Zuchthaus bis zu fünf Jahren bestraft.

Art. 291. Wer einen andern der Freiheit beraubt und im Aus- oder Inlande in Sklaverei versetzt, wird mit Zuchthaus von fünf bis zu zehn Jahren bestraft.

Art. 292. Wer ein fremdes Kind unter zwölf Jahren durch Gewalt, Drohung oder Täuschung raubt oder verbirgt, wird mit Zuchthaus bis zu fünf Jahren bestraft.

Geschieht dies in der Absicht, das Kind zum Betteln oder zu andern gewinnsüchtigen oder unsittlichen Zwecken zu verwenden, so tritt Zuchthaus von fünf bis zu zehn Jahren ein.

Art. 293. Wer unbefugt sich eines noch nicht vierzehn Jahre alten fremden Kindes bemächtigt oder dieses bei sich festhält und trotz Aufforderung seitens der Eltern, Vertreter oder Aufseher nicht zurückgibt, wird mit Gefängnis bis zu sechs Monaten bestraft.

Geschieht dies aus Mitleid mit dem Kinde, so tritt Bestrafung nicht ein.

Art. 294. Wer ein verlassenes oder verirrtes Kind unter sieben Jahren aufgreift und innerhalb zwei Wochen seit Aufnahme vorsätzlich der Ortspolizei oder den Eltern oder ihren Vertretern nicht anzeigt, wird mit Gefängnis bis zu einem Monat oder Geldstrafe bis zu zweihundert Lew bestraft.

Art. 295. Wer ein Kind unter zwölf Jahren zum Betteln oder zu andern unsittlichen Zwecken zu sich nimmt, hingibt oder verwendet, wird mit Gefängnis bis zu zwei Jahren bestraft.

Art. 296. Wer mittels Täuschung, Drohung oder Gewalt ein noch nicht sechzehn Jahre altes Mädchen zu unsittlichem Zweck ohne dessen Einwilligung oder zwar mit solcher Einwilligung, doch ohne vorhandenes Verständnis für das, worein gewilligt wird, raubt, wird mit Gefängnis nicht unter sechs Monaten bestraft.

Gleicher Strafe unterliegt, wer obiges Verbrechen an einem gegen seinen Willen geraubten Mädchen über sechzehn Jahren verübt.

Art. 297. Wer eine Minderjährige, die ihm zum Zwecke der Ehe übergeben wurde, entführt, ohne die Ehe mit ihr zu schliefsen, wird mit Gefängnis bis zu einem Jahre bestraft.

Art. 298. Wer einen andern nötigt, etwas gegen seinen Willen zu thun, zu unterlassen oder zu dulden, indem er hierzu Gewalt, Drohung anwendet oder seine Gewalt mifsbraucht, wird mit Gefängnis nicht unter drei Monaten bestraft.

Handelte der Thäter in dem Glauben, in dieser Weise ein ihm zustehendes Recht zu verwirklichen, so tritt Gefängnis bis zu drei Monaten oder Geldstrafe bis zu fünfhundert Lew ein.

Art. 299. Wer einen andern zur Begehung eines Verbrechens zu nötigen versucht, indem er hierzu Gewalt, Drohung, Gewaltmifsbrauch oder Bedrohung mit solchem Mifsbrauch anwendet, wird mit Zuchthaus bis zu fünf Jahren bestraft, wenn das Verbrechen mit dem Tode, mit lebenslänglichem oder zeitigem Zuchthaus bestraft wird, dagegen mit Gefängnis bis zu einem Jahre, wenn für das Verbrechen Gefängnis oder Geldstrafe vorgesehen ist.

Wurde das Verbrechen begangen, so tritt im ersten Fall Zuchthaus von drei bis zu sechs Jahren ein, wenn nicht wegen Teilnahme eine schwerere Bestrafung zu verhängen ist; im zweiten Fall Gefängnis bis zu zwei Jahren.

Art. 300. Wer Arbeiter in einer gewerblichen Anstalt oder Fabrik nötigt, ihre Arbeiten einzustellen oder die eingestellten Arbeiten nicht wieder aufzunehmen, wird mit Gefängnis nicht unter einem Jahre bestraft.

Art. 301. Wer einen andern mit einem Verbrechen gegen seine Person oder sein Vermögen oder gegen Person und Vermögen eines seiner Angehörigen (539) bedroht, wird, sofern die Bedrohung bei dem Bedrohten die begründete Befürchtung ihrer Verwirklichung hervorrufen konnte, mit Gefängnis bis zu drei Monaten bestraft.

Hierbei wird eine Kaution in einer vom Gericht festgesetzten Höhe und für eine Dauer, die ein Jahr nicht übersteigen braucht, auferlegt; wird sie nicht geleistet, so trifft den Drohenden Haft bis zu drei Monaten.

Art. 302. Wird die in Art. 301 erwähnte Bedrohung begangen

1. gegen die Mutter oder den ehelichen Vater oder auch gegen den unehelichen Vater, dem der Drohende für Erziehung oder Unterhalt verpflichtet ist,
2. gegen ein Organ der öffentlichen Gewalt zur Zeit oder aus Anlafs der Erfüllung seiner Amtsobliegenheiten,

so tritt Gefängnis bis zu sechs Monaten unter Auferlegung der in Art. 301 bestimmten Kaution ein.

Mit gleicher Strafe wird auch schriftliche Bedrohung mit Brandstiftung oder Tötung bestraft.

Art. 303. Wer in eine fremde Wohnung oder in einen in gemeinsamer Einfriedigung damit stehenden Raum unter Bedrohung, Gewalt, List, Gewaltmifsbrauch eindringt oder in die genannten Räume mittels falscher Schlüssel, Erbrechen, Einbruch, Durchbohrung, Klettern oder Einsteigen einschleicht, wird mit Gefängnis bis zu einem Jahre bestraft.

Geschah das Eindringen oder Einschleichen zur Nachtzeit oder seitens zweier oder mehrerer Personen oder aber einer bewaffneten Person, so tritt Gefängnis nicht unter sechs Monaten ein.

Art. 304. Wer in der in Art. 303 erstes Alinea bezeichneten Weise in ein fremdes nicht bewohntes Haus oder befriedeten Raum eindringt oder einschleicht, wird mit Gefängnis bis zu sechs Monaten oder mit Geldstrafe bis zu tausend Lew bestraft.

Art. 305. Wer in einem fremden Hause oder einem befriedeten Raume trotz Aufforderung des Hausherrn oder des Vertreters desselben, den Raum zu verlassen, verbleibt, wird mit Gefängnis bis zu einem Monat oder mit Geldstrafe bis zu zweihundert Lew bestraft.

Gleicher Strafe unterliegt, wer sich nachts in einem fremden Hause oder Hausraume versteckt, ohne dafs der Hausherr oder der Vertreter desselben dies weifs.

Art. 306. Wegen der in den Artt. 290, 293, 296, 297, 298, 302, No. 1, 303, 304 und 305 vorgesehenen Verbrechen tritt Strafverfolgung nur auf Antrag des Verletzten ein.

Doch tritt Verfolgung von Amtswegen ein, wenn sie von einem Organ der Behörde unter Mifsbrauch der amtlichen Stellung begangen sind.

Art. 307. Wegen der in den Artt. 288 Alin. 2, 289, 291, 292 und 299 erster Fall vorgesehenen Verbrechen kann gegen den Schuldigen auf Entziehung der in Art. 30 No. 1—4 aufgeführten Rechte erkannt werden.

Kapitel XXI.
Offenbarung fremder Geheimnisse.

Art. 308. Wer fremde Geheimnisse offenbart, die den guten Ruf einer Person gefährden und die ihm anvertraut oder zufolge seines Amtes, seiner Beschäftigung oder seines Berufs bekannt wurden, wird, sofern nicht Bestrafung nach Kapitel XV eintritt, mit Gefängnis bis zu einem Jahr bestraft.

Art. 309. Mit Gefängnis bis zu sechs Monaten oder mit Geldstrafe bis zu fünfhundert Lew wird bestraft

1. wer einen Brief, ein Telegramm oder geschlossene Schriftstücke, die an einen andern gerichtet sind, unbefugt eröffnet;
2. wer sich in den Besitz fremder, wenn auch etwa gefundener Briefe oder Telegramme setzt, um deren Inhalt kennen zu lernen oder aber zu diesem Zweck einem andern solche Briefe oder Telegramme ausliefert.

Wer ein in dieser Weise zu seiner Kenntnis gelangtes Geheimnis veröffentlicht oder etwas aus diesen Briefen oder Telegrammen zum Schaden des Absenders oder Adressaten ausnützt, wird mit Gefängnis bis zu einem Jahre bestraft.

Art. 310. Ein im Telegraphen-, Post- oder Telephondienst stehender Beamter oder Angestellter, der ihm überlieferte oder empfangene Telegramme fälscht oder rechtswidrig eröffnet, vernichtet, unterschlägt oder einem andern deren Inhalt mitteilt oder aber dies seitens eines andern geschehen läfst oder dazu behilflich ist, wird mit Gefängnis von drei Monaten bis zu drei Jahren und Entziehung der in Art. 30 No. 1 und 2 aufgeführten Rechte bestraft.

Art. 311. Ein Beamter, der widerrechtlich einen fremden Brief oder ein fremdes Packet eröffnet, vernichtet oder unterdrückt oder dies einem andern ermöglicht oder dazu behilflich ist, wird mit Gefängnis von drei Monaten bis zu drei Jahren und Entziehung der in Art. 30 No. 1 und 2 aufgeführten Rechte bestraft.

Geschieht dies seitens einer Privatperson, so tritt Gefängnis bis zu sechs Monaten ein.

Art. 312. Die in den Artt. 308 und 309 erwähnten Verbrechen werden nur auf Antrag des Verletzten verfolgt.

Kapitel XXII.
Diebstahl.

Art. 313. Wer eine fremde bewegliche Sache aus dem Gewahrsam eines andern ohne dessen Einwilligung in der Absicht wegnimmt, sie sich rechtswidrig zuzueignen, wird wegen Diebstahls mit Zuchthaus bis zu drei Jahren bestraft.

Anm. Diebstahl liegt auch dann vor, wenn ein Teil der gestohlenen Sache dem Diebe gehört.

Art. 314. Wenn der Wert der gestohlenen Sache dreifsig Lew nicht übersteigt, so tritt Gefängnis bis zu sechs Monaten ein.

Der Wert der gestohlenen Sache bestimmt sich nach der Zeit des Diebstahls.

Sonst bestimmt sich, wenn mehrere Sachen Gegenstand des Diebstahls sind, dieser Wert nach dem aller zusammengenommen.

Art. 315. Diebstahl wird mit Zuchthaus bis zu fünf Jahren bestraft

1. wenn Sachen gestohlen sind, die dem Gottesdienste, frommen oder wohlthätigen Zwecken gewidmet sind, und zwar aus einem zu gottesdienstlichem Zweck bestimmten Raume;
2. wenn Sachen gestohlen sind, die sich in Gräbern befinden und zum Andenken an einen Verstorbenen bestimmt sind oder sich am Leichnam eines Toten befinden;
3. wenn der Diebstahl von zwei oder mehreren Personen oder aber von einer bewaffneten Person begangen ist, mag auch letztere die Waffe nicht verwendet und nicht vorgezeigt haben;
4. wenn der gestohlene Gegenstand zu jenen gehört, die ihrer Beschaffenheit nach oder gewohnheitsmäfsig nicht unter steter Aufsicht stehen, wie Heu auf den Wiesen, Feld- und Gartenfrüchte, Ackergerätschaften im Felde und andere ähnliche, wie auch Haustiere, die auf Äcker getrieben, dort gelassen oder ausgeflogen sind (Artt. 518, 519 und 520);
5. wenn der Thäter im Dienste des Verletzten steht oder der Verletzte ein Hausgenosse des Herrn des Thäters ist;
6. wenn er von einer Person begangen ist, die mit dem Verletzten in einer und derselben Wohnung und Haushaltung lebt;
7. wenn er von einem Organ der Behörde unter Benutzung der amtlichen Stellung begangen ist;
8. wenn der Dieb oder einer der Diebe zum Zwecke des Diebstahls sich fälschlich als Organ der Behörde ausgiebt oder einen erdichteten behördlichen Auftrag vorschützt.

Beträgt der Wert der gestohlenen Sache nicht über fünfzig Lew, so tritt Gefängnis von drei Monaten bis zu zwei Jahren ein.

Art. 316. Ohne Rücksicht auf den Wert der gestohlenen Sache wird der Diebstahl mit Zuchthaus bis zu zehn Jahren bestraft

1. wenn er zur Zeit eines Brandes, einer Überschwemmung, eines Schiffbruchs, eines Kampfes, Aufruhrs oder einer sonstigen allgemeinen Not begangen ist;
2. wenn er in einem Gebäude, befriedeten Raume oder Schiffe begangen ist, wohin der Dieb mittels Einbruchs, Erbrechens, Unterminierung, Durchbohrung, Klettern oder Einsteigen oder auf sonstige ungewöhnliche Weise eingedrungen ist;
3. wenn er mittels falscher, angeeigneter oder gestohlener Schlüssel oder eines andern zur Eröffnung nicht bestimmten Instrumentes begangen ist oder aber zu diesem Zweck ein Anhängeschlofs oder eine andre Sicherheitsvorrichtung abgeschnitten, aufgebrochen, zerbrochen, zerschmettert oder losgemacht wäre;

4. wenn er von zwei oder mehreren Mitgliedern einer Räuber- oder Haiduckenbande oder Horde begangen ist.

Art. 317. Wegen Diebstahls wird, ausgenommen Art. 314, gegen den Schuldigen auf Entziehung der in Art. 30 No. 1—4 aufgeführten Rechte erkannt.

Art. 318. Nur auf Antrag des Verletzten wird eine Strafverfolgung wegen Diebstahls eingeleitet

1. wenn er zwischen Ehegatten, Ascendenten und Descendenten oder zwischen Seitenverwandten und andern Verwandten, die in einem gemeinsamen Haushalt wohnen, begangen ist;
2. wenn der Verletzte der Vormund oder Kurator des Thäters ist;
3. in den Fällen des Art. 315 No. 5 und 6.

Im dritten Fall kann die Strafverfolgung auch auf Antrag des Dienstherrn des Thäters, wie auch des Familienoberhauptes oder des Hausherrn eingeleitet werden.

Zurücknahme des Antrages hemmt das Strafverfahren nicht, aufser bei Diebstahl zwischen Ehegatten, Ascendenten und Descendenten bis zum zweiten Grade.

Kapitel XXIII.
Unterschlagung.

Art. 319. Wer sich widerrechtlich eine fremde Sache aneignet, die er besitzt oder inne hat, wird mit Zuchthaus bis zu drei Jahren bestraft.

Die Unterschlagung gilt als vollendet, sobald der Besitzer oder Inhaber über die Sache wie über eine eigne verfügt oder sobald er dem zur Rückforderung Berechtigten gegenüber diese Zugehörigkeit ableugnet.

Art. 320. Wenn der Wert der unterschlagenen Sache dreifsig Lew nicht übersteigt, so tritt Gefängnis bis zu sechs Monaten ein.

Art. 321. Nach Art. 319 und 320 wird auch derjenige bestraft, der solcher Weise (Art. 319) sich an der eignen Sache vergeht, die auf Anordnung des Gerichts oder einer öffentlichen Behörde unter Sperre gelegt, ihm aber zur Aufbewahrung anvertraut oder belassen ist.

Art. 322. Wegen der im gegenwärtigen Kapitel erwähnten Verbrechen kann gegen den Schuldigen, ausgenommen Art. 320, auf Entziehung der in Art. 30 No. 1—4 aufgeführten Rechte erkannt werden.

Hat der Thäter hierbei seine Berufspflichten verletzt, so kann ihm die Ausübung dieses Berufs untersagt werden.

Art. 323. Die in Art. 318 gegebenen Vorschriften kommen auch in den im gegenwärtigen Kapitel vorgesehenen Fällen zur Anwendung.

Kapitel XXIV.
Raub.

Art. 324. Wer eine fremde bewegliche Sache dem Besitzer unter Gewalt oder Drohung gegen ihn oder einen andern Anwesenden in der Absicht, sie sich rechtswidrig zuzueignen, wegnimmt, wird wegen Raubes mit Zuchthaus von fünf bis zu zehn Jahren bestraft.

Anm. Als Drohung gilt in diesem Fall diejenige Androhung eines unmittelbaren Angriffs, der die Gesundheit oder das Vermögen des Bedrohten, seiner Angehörigen (Art. 540) oder eines andern Anwesenden schwerer Gefahr aussetzt.

Art. 325. Als Raub gilt auch jeder Diebstahl, wenn der Dieb, am Orte der That ergriffen, Gewalt oder Drohung anwendet (Art. 324), um den Diebstahl auszuführen oder sich im Besitze der gestohlenen Sache zu erhalten.

Art. 326. Als Raub gilt ferner der Diebstahl, zu dessen Verübung die Person in bewufstlosen oder wehrlosen Zustand versetzt wurde.

Art. 327. Raub wird mit Zuchthaus nicht unter zehn Jahren bestraft

1. wenn er von zwei oder mehreren zu Diebstahl oder Raub Verbündeten begangen ist;
2. wenn er mit schwerer Körperverletzung verbunden ist.

Ist der Tod des Beraubten die Folge gewesen, so tritt lebenslängliches Zuchthaus ein.

Art. 328. Raub, verbunden mit Tötung (Art. 247), wird mit dem Tode bestraft.

Art. 329. Wegen Raubes wird gegen den Schuldigen auch auf Entziehung der in Art. 30 aufgeführten Rechte erkannt.

Kapitel XXV.
Erpressung.

Art. 330. Wer, um sich oder einem Dritten einen rechtswidrigen Vermögensvorteil zu verschaffen, einen andern durch Gewalt oder Drohung zu einer Handlung, Duldung oder Unterlassung nötigt, wird wegen Erpressung mit Gefängnis nicht unter drei Monaten bestraft.

Art. 331. Wegen Erpressung (Art. 330) wird auch derjenige bestraft, der, um sich oder einem Dritten einen rechtswidrigen Vermögensvorteil zu verschaffen, einen andern mit mündlicher oder schriftlicher Beleidigung oder Verleumdung bedroht.

Art. 332. Erpressung wird mit Zuchthaus bis zu fünf Jahren bestraft, wenn der Thäter mit Tötung, schwerer Körperverletzung, Brandstiftung oder einem andern schweren Vermögensnachteil droht.

Art. 333. Wegen Erpressung kann gegen den Schuldigen auf Entziehung der in Art. 30 No. 1—4 aufgeführten Rechte erkannt werden.

Kapitel XXVI.
Widerrechtliche Zueignung.

Art. 334. Wer eine fremde Sache findet und sie nicht im Laufe einer Woche der Behörde oder dem Verlierer abliefert, wird mit Gefängnis bis zu drei Monaten oder mit Geldstrafe bis zu fünfhundert Lew bestraft.

Art. 335. Widerrechtliche Zueignung wird mit Gefängnis bis zu sechs Monaten bestraft

1. wenn der Schuldige sich widerrechtlich eine fremde bewegliche Sache zueignet, die durch Zufall oder Irrtum in seine Hände geriet;

2. wenn der Schuldige seine eigene Sache oder aber eine fremde Sache mit Einwilligung oder im Interesse ihres Eigentümers widerrechtlich demjenigen entzieht, dem sie verpfändet ist oder dem ein Recht auf ihren Gebrauch zusteht.

Art. 336. Wer einen Schatz findet und im Laufe einer Woche davon nicht der Behörde Anzeige macht, wird wegen widerrechtlicher Zueignung mit Geldstrafe bis zu fünfhundert Lew bestraft.

Ist aber die Behörde im Voraus benachrichtigt worden, dafs er sich anschickt, nach einem Schatze zu suchen, so tritt Bestrafung nur ein, wenn er seinen Fund nicht binnen dreifsig Tagen angemeldet hat.

Der Schatzfund wird eingezogen.

Art. 337. Die in Art. 318 gegebenen Vorschriften kommen auch in den im gegenwärtigen Kapitel vorgesehenen Fällen zur Anwendung.

Kapitel XXVII.
Hehlerei.

Art. 338. Wer um seines Vorteils willen Sachen, von denen er weifs oder den Umständen nach annehmen mufs, dafs sie von einem andern durch ein Verbrechen erlangt sind, verheimlicht, an sich bringt oder zur Veräufserung derselben mitwirkt, wird wegen Hehlerei mit Gefängnis nicht unter drei Monaten bestraft.

Wenn der Wert der gehehlten Sache dreifsig Lew nicht übersteigt, tritt Gefängnis bis zu sechs Monaten ein.

Art. 339. Hehlerei wird mit Zuchthaus bis zu fünf Jahren bestraft

1. wenn der Hehler wufste, dafs der Gegenstand durch ein Verbrechen erlangt ist, das eine Strafe von mehr als zehn Jahren Zuchthaus nach sich zieht;
2. wenn der Hehler die Hehlerei gewerbsmäfsig oder gewohnheitsmäfsig betreibt.

Art. 340. Als Hehler gilt auch, wer dem Thäter oder Teilnehmer dazu behilflich ist, sich der Strafverfolgung zu entziehen oder diese zu vereiteln oder unbestraft zu bleiben oder ihm die Vorteile des Verbrechens zu sichern, ohne sich mit dem Verbrecher vor Begehung des Verbrechens darüber verständigt zu haben. In diesem Fall tritt Gefängnis bis zu zwei Jahren ein.

Geschah dies in gewinnsüchtiger Absicht, so tritt Gefängnis nicht unter drei Monaten ein.

Art. 341. Wer in Kenntnis dieses Umstandes oder dieser Eigenschaft Räubern als Hehler dient, wird mit Gefängnis von drei bis zu sechs Jahren und Entziehung der in Art. 30 No. 1—4 aufgeführten Rechte bestraft.

Art. 342. Wegen der in den Artt. 338 alin. 1 und 339 erwähnten Hehlerei kann gegen den Schuldigen auf Entziehung der in Art. 30 No. 1—4 aufgeführten Rechte erkannt werden.

Wegen Hehlerei nach Art. 340 kann dies rücksichtlich der in Art. 30 No. 1 und 2 aufgeführten Rechte geschehen, doch nur wenn auch der durch den Hehler unterstützte Verbrecher dieser Nebenstrafe unterliegt.

Art. 343. Die Vorschriften der Artt. 340 und 341 finden auf den keine Anwendung, der in der dort erwähnten Weise zum Vorteil eines seiner Angehörigen (Art. 540) gehandelt hat.

Kapitel XXVIII.
Betrug und Vertrauensmifsbrauch.

Art. 344. Wer in der Absicht, sich oder einem Dritten einen rechtswidrigen Vermögensvorteil zu verschaffen, in lügnerischer oder trügerischer Weise bei einem andern einen Irrtum erregt oder unterhält und dadurch ihm einen Vermögensnachteil zufügt, wird wegen Betruges mit Zuchthaus bis zu fünf Jahren bestraft.

Wenn der angerichtete Schaden hundert Lew nicht übersteigt, tritt Gefängnis bis zu sechs Monaten ein.

Art. 345. Ohne Rücksicht auf die Höhe des angerichteten Schadens tritt Zuchthaus bis zu zehn Jahren ein

1. wenn der Betrüger zum Zwecke des Betruges sich als Organ der Behörde oder als eine auf behördlichen Auftrag handelnde Person ausgegeben hat;
2. wenn ein Organ der öffentlichen Gewalt oder ein Advokat, Bevollmächtigter, Geschäftsführer oder sonstiger freiwilliger Vertreter in den Grenzen seines Amtes, seines Berufes oder seiner Vollmacht den Betrug verübt hat;
3. wenn der Thäter Vormund oder Kurator des Betrogenen ist.

Art. 346. Mit Zuchthaus bis zu fünf Jahren wird auch bestraft, wer ohne Rücksicht auf die Höhe des angerichteten Schadens ein ihm gehöriges versichertes Vermögensstück in betrügerischer Absicht vernichtet, zerstört oder beschädigt.

Art. 347. Wer in betrügerischer Weise (Art. 344) einem andern einen Vermögensschaden zufügt, ohne die Absicht, sich oder einem Dritten rechtswidrig einen Vermögensvorteil zu verschaffen, wird mit Gefängnis bis zu zwei Jahren bestraft.

Art. 348. Die Vorschriften des Art. 318 kommen auch bei Betrug zur Anwendung.

Art. 349. Wer fremdes Vermögen, das ihm zur Verwahrung oder Verwaltung anvertraut ist, unbefugt angreift, wird wegen Vertrauensmifsbrauchs mit Gefängnis bestraft.

Geschieht dies in der Absicht, sich oder einem Dritten rechtswidrig einen Vermögensvorteil zu verschaffen, so tritt Zuchthaus bis zu fünf Jahren ein.

Art. 350. Wegen Betruges ist gegen den Schuldigen auf Entziehung der in Art. 30 No. 1—5 aufgeführten Rechte zu erkennen, wegen Vertrauensmifsbrauches nur der in Art. 30 No. 1, 2 und 4 aufgeführten, ausgenommen Art. 344 alin. 2.

Art. 351. Ausgenommen die Fälle der Artt. 344, 345 und 346, tritt Strafverfolgung wegen Betruges oder Vertrauensmifsbrauches nur auf Antrag des Verletzten ein.

Wegen Vertrauensmifsbrauches tritt Strafverfolgung von Amtswegen ein, wenn der Thäter als Vormund, Verwalter von sequestriertem oder gestiftetem Vermögen oder einer Konkursmasse oder als Mitglied der Direktion oder des Aufsichtsrats einer Aktiengesellschaft oder allgemein als eine Person, die mit öffentlicher Gewalt ausgerüstet oder mit Verwaltung fremden Vermögens betraut ist, in Ausübung ihrer Obliegenheiten oder ihrer Vollmacht gehandelt hat. Zurücknahme des Antrags hemmt die Strafverfolgung nicht.

Kapitel XXIX.

Fälschung von Urkunden, ärztlichen Zeugnissen, Marken, Siegeln und andern Zeichen.

Art. 352. Wer eine in- oder ausländische öffentliche Urkunde fälschlich anfertigt oder den Inhalt einer echten verfälscht, wird, wenn daraus ein Nachteil für die Rechte eines andern sich ergibt oder sich ergeben kann, mit Zuchthaus bis zu fünf Jahren bestraft.

Art. 353. Ist das in Art. 352 erwähnte Verbrechen in der Absicht begangen, sich oder einem Dritten einen rechtswidrigen Vermögensvorteil zu verschaffen, so tritt Zuchthaus von drei bis zu zehn Jahren ein.

Art. 354. Ist das in Art. 35 erwähnte Verbrechen von einem Organ der öffentlichen Gewalt in Ausübung seines Amtes begangen, so tritt Zuchthaus von fünf bis zu zehn Jahren ein.

Art. 355. Nach Art. 354 wird jedes Organ der öffentlichen Gewalt bestraft

1. das einen wesentlichen Umstand in ein Protokoll oder in andre amtliche Bücher, die es kraft seiner amtlichen Stellung führt, oder in eine ihm kraft dieser seiner Stellung anvertraute Urkunde falsch einträgt;
2. das aus solchen Büchern oder Protokollen falsche beglaubigte Auszüge ausfertigt oder den wahren Inhalt wesentlicher Schriftstücke, die sich bei solchen amtlichen Büchern oder Protokollen befinden, verfälscht.

Art. 356. Ein Beamter, der in Ausübung seines Amtes falsche beglaubigte Abschriften von Urkunden oder beglaubigte Abschriften von nicht vorhandenen Urkunden ausfertigt, ebenso wer einen falschen Auszug als echt beglaubigt, wird mit Zuchthaus bis zu drei Jahren bestraft.

Art. 357. Als öffentliche Urkunden gelten auch Matrikelbücher und beglaubigte Auszüge und Zeugnisse aus ihnen.

Art. 358. Der Fälschung einer öffentlichen Urkunde steht es gleich, wenn ein Beamter, Advokat oder öffentlicher Übersetzer in der Absicht, einem andern einen wesentlichen Beweis für irgend ein Recht zu entziehen oder in der Absicht, ihm eine solche Beweisführung zu erschweren, öffentliche Schriftstücke, Protokolle oder Originalurkunden, die ihm kraft seiner amtlichen Stellung zur Führung oder Verwahrung anvertraut sind, beschädigt, vernichtet, zur Verwendung untauglich macht, unterdrückt oder dem Gegner ausliefert; hier tritt Zuchthaus von fünf bis zu zehn

Jahren ein; handelt es sich um beglaubigte Auszüge, so tritt Zuchthaus bis zu drei Jahren ein.

Art. 359. Wegen Fälschung öffentlicher Urkunden ist gegen den Schuldigen auf Entziehung der in Art. 30 No. 1—4 aufgeführten Rechte zu erkennen.

Art. 360. Wer vorsätzlich bewirkt, dafs in eine öffentliche Urkunde oder Buch falsche Thatsachen, Umstände oder Erklärungen eingetragen werden, die für Rechte oder Rechtsverhältnisse eines andern von Bedeutung sind, wird mit Gefängnis bis zu zwei Jahren bestraft.

Ist die Absicht darauf gerichtet, sich oder einem andern einen rechtswidrigen Vermögensvorteil zu verschaffen, so tritt Zuchthaus bis zu fünf Jahren ein und kann auf Entziehung der in Art. 30 No. 1—4 aufgeführten Rechte erkannt werden.

Art. 361. Wer eine Privaturkunde fälschlich anfertigt oder anfertigen läfst oder eine solche echte Urkunde verfälscht und sie dazu gebraucht, das Bestehen oder Erlöschen oder die Änderung eines Rechtes oder einer Verpflichtung oder eines Rechtsverhältnisses zu beweisen, wird mit Zuchthaus bis zu zwei Jahren oder Gefängnis nicht unter drei Monaten bestraft; auch kann gegen den Schuldigen auf Entziehung der in Art. 30 No. 1—7 aufgeführten Rechte erkannt werden.

Wenn der Wert des betreffenden Rechtes oder der betr. Verpflichtung dreihundert Lew nicht übersteigt, tritt Gefängnis bis zu zwei Jahren ein.

Art. 362. Ohne Rücksicht auf den Wert wird Fälschung von Privaturkunden mit Zuchthaus bis zu fünf Jahren bestraft

1. wenn ein falscher Wechsel ausgestellt oder ein echter Wechsel verfälscht ist;
2. wenn Handelsbücher, denen das Gesetz unbedingte oder bedingte Beweiskraft beilegt, gefälscht sind;
3. wenn Wertschriften gefälscht sind, die als Papiergeld zirkulieren, ohne doch gesetzlich dem letzteren gleichgestellt zu sein (Artt. 183 und 189).

In diesen Fällen kann gegen den Schuldigen auf Entziehung der in Art. 30 No. 1—4 aufgeführten Rechte erkannt werden.

Art. 363. Als falsche Urkunde wird auch jedes noch nicht ausgefüllte, mit der Unterschrift einer Person versehene Papier angesehen, das ohne Einwilligung und gegen den Willen des Unterschreibers inhaltlich ausgefüllt wird.

Art. 364. Den erwähnten Unterscheidungen bei der Urkundenfälschung entsprechend wird auch derjenige bestraft, der wissentlich von einer durch einen andern hergestellten falschen oder verfälschten öffentlichen oder privaten Urkunde Gebrauch macht.

Art. 365. Wer eine fremde oder nicht ausschliefslich ihm gehörige Urkunde in der Absicht, dadurch einem andern Schaden zuzufügen, vernichtet, unterdrückt oder beschädigt, wird mit Gefängnis bestraft.

Art. 366. Wer in der Absicht, einem andern Schaden zuzufügen, einen Gegenstand oder ein Zeichen, das zur Bezeichnung der Grenze oder

Mitte bestimmt oder aufgerichtet ist, vernichtet, wegnimmt oder verrückt, wird mit Gefängnis bestraft.

Art. 367. Ein Arzt, der jemandem ein falsches Zeugnis über dessen Gesundheitszustand und Alter behufs Verwendung bei Dritten ausstellt, wird mit Gefängnis bis zu drei Jahren bestraft.

Gleicher Strafe unterliegt, wer als Veterinärarzt oder Feldscheer ein falsches Zeugnis über den Gesundheitszustand von Tieren ausstellt.

Art. 368. Nach Art. 367 wird auch bestraft, wer, ohne Arzt zu sein, fälschlich sich diese Stellung beilegt und als solcher oder unter dem Namen eines andern Arztes oder unter erdichtetem Namen einem andern ein falsches Zeugnis über dessen Gesundheitszustand behufs Verwendung gegenüber einer öffentlichen Behörde oder einer Versicherungsgesellschaft ausstellt.

Ebenso wird bestraft, wer in gleicher Absicht ein echtes Zeugnis verfälscht.

Art. 369. Wer vorsätzlich von einem falschen ärztlichen Zeugnis zu Täuschung eines Dritten Gebrauch macht, wird mit Gefängnis bestraft; auch kann gegen ihn auf Entziehung der in Art. 30 No. 1 und 2 aufgeführten Rechte erkannt werden.

Art. 370. Mit Gefängnis bis zu zwei Jahren und fakultativ mit Entziehung der in Art. 30 No. 1 und 2 aufgeführten Rechte wird bestraft

1. wer falsche Stempel-, Post- oder andre zu Steuerzwecken bestimmte Marken oder Siegel, die von unserm oder einem fremden Staate ausgegeben werden, fälschlich anfertigt oder echte verfälscht;
2. wer staatliche oder amtliche Zeichen, die zu Feststellung des Inhalts verschiedener Gefäfse und Mafse oder der Art und Eigenschaft von Edelmetallen dienen, fälschlich anfertigt oder echte verfälscht.

Art. 371. Nach Art. 370 wird auch derjenige bestraft, der wissentlich die dort genannten falschen oder verfälschten Marken, Zeichen oder Siegel in Umlauf setzt oder diese wieder verwendet, indem er die Merkmale entfernt oder tilgt, die zeigen, dafs sie schon einmal gebraucht sind.

Art. 372. Wird durch die in den Artt. 370 und 371 vorgesehenen Verbrechen ein Schaden von mehr als hundert Lew verursacht, so tritt Bestrafung wegen Betruges nach Art. 344 alin. 1 ein.

Art. 373. Unbefugte und rechtswidrige gänzliche oder teilweise Realisierung eines fremden Rechts an einem litterarischen, musikalischen oder künstlerischen Werke zum Zwecke einer kaufmännischen Spekulation wird, vorbehalten die Zivilverpflichtung auf Entschädigung, mit Haft oder Geldstrafe bis zu tausend Lew bestraft.

Unbefugte Herausgabe eines fremden litterarischen, musikalischen oder künstlerischen Werks unter eigenem Namen wird mit Gefängnis bestraft.

Kapitel XXX.
Bankerott und Schädigung von Gläubigern.

Art. 374. Betrügerischen Bankerott begeht ein in Konkurs geratener Schuldner, der in der Absicht, seine Gläubiger zu schädigen

1. ihm gehörige Vermögensstücke verheimlicht, bei Seite schafft, unter ihrem Werte veräufsert oder verschenkt, eine ihm zustehende Forderung erläfst oder verheimlicht oder eine erdichtete Schuldverbindlichkeit erfüllt;
2. erdichtete Schulden oder Verbindlichkeiten ganz oder teilweise anerkennt;
3. einen oder mehrere seiner Gläubiger befriedigt oder ihnen Vermögensstücke überläfst oder verpfändet;
4. Handelsbücher, die er gesetzlich zu führen verpflichtet war, nicht geführt oder vernichtet, unterdrückt oder so falsch und unregelmäfsig geführt hat, dafs sich daraus die Aktiva und Passiva oder der Gang seines Geschäfts nicht ersehen lassen.

Betrügerischer Bankerott wird mit Zuchthaus bis zu fünf Jahren bestraft.

Wenn der angerichtete Schaden fünftausend Lew nicht übersteigt, tritt Gefängnis nicht unter sechs Monaten ein.

Art. 375. Wegen betrügerischen Bankerotts wird auf Entziehung der in Art. 30 No. 1—5 und 7 aufgeführten Rechte erkannt.

Art. 376. Wegen fahrlässigen Bankerotts wird mit Gefängnis bis zu zwei Jahren ein in Konkurs geratener Schuldner bestraft

1. der diese seine Zahlungsunfähigkeit durch Verschwendung, leichtsinnige Geschäftsführung, Spiel an der Börse oder durch gewagte Geschäfte bewirkt hat, die nicht zu seinem eigentlichen Geschäftskreise gehören;
2. der die jährliche Bilanz zu ziehen unterliefs oder unrichtig zog, zu deren Vornahme er verpflichtet war;
3. der, nachdem er von seiner Zahlungsunfähigkeit Kenntnis hatte oder hätte haben sollen, neue Schulden macht oder nicht für Erklärung seiner Zahlungsunfähigkeit sorgt und dadurch einem seiner Gläubiger es ermöglicht, zum Schaden andrer sich aus dem Vermögen zu befriedigen oder zu sichern;
4. der das in Art. 374 No. 4 erwähnte Verbrechen, doch ohne die Absicht der Schädigung von Gläubigern, begeht.

Es kann gegen den Schuldigen auf Entziehung der in Art. 30 No. 1 und 2 aufgeführten Rechte erkannt werden.

Art. 377. Ist über eine Handelsgesellschaft oder eine andre ähnliche Gesellschaft Konkurs eröffnet, so trifft in den in Artt. 374 und 376 erwähnten Fällen die strafrechtliche Verantwortlichkeit die mit der Leitung der Gesellschaftsangelegenheiten betrauten Personen, die die strafbare Handlung begingen.

Art. 378. Die Vorschriften der Artt. 374 bis 377 finden auf zahlungsunfähige Schuldner auch dann Anwendung, wenn der Konkurs nur darum nicht ausbricht, weil sonst kein Gläubiger da ist oder deswegen, weil das Vermögen des Schuldners die Konkurskosten nicht deckt.

Art. 379. Wer angesichts einer ihm drohenden Zwangsvollstreckung in böser Absicht Vermögensstücke verheimlicht, bei Seite schafft, veräufsert, beschädigt oder vernichtet oder erdichtete Schulden oder Handelsoperationen zum Zwecke der Schädigung seiner Gläubiger aufstellt, wird mit Gefängnis bis zu zwei Jahren bestraft.

Verfolgung tritt nur auf Antrag des Verletzten ein.

Kapitel XXXI.
Vermögensbeschädigung.

Art. 380. Wer eine fremde bewegliche oder unbewegliche Sache rechtswidrig beschädigt, zerstört oder vernichtet, wird mit Gefängnis bestraft.

Wenn der Schaden hundert Lew nicht übersteigt, tritt Gefängnis bis zu sechs Monaten oder Geldstrafe bis zu fünfhundert Lew ein.

Art. 381. Wegen Vermögensbeschädigung tritt ohne Rücksicht auf die Höhe des Schadens Verfolgung nach Art. 380 No. 1 ein, wenn Gegenstand des Verbrechens sind

1. Gebäude oder Gegenstände, die dem Gottesdienste gewidmet sind, wie auch Gräber, Grab- oder öffentliche Denkmäler;
2. Eisenbahn- und Telegraphenanlagen, öffentliche Wege, Brücken und Dämme, wie auch Wasser- und Gasrohrleitungen oder sonstige Leitungen, die zum Abfluſs zu reichlichen Wassers oder von Unrat dienen;
3. Bücher, Handschriften und andre Gegenstände, die in öffentlichen Sammlungen und Bibliotheken im Interesse der Wissenschaft oder Kunst aufbewahrt werden, ebenso Schriften, Dokumente oder andre in öffentlichen Archiven aufbewahrte Gegenstände.

Art. 382. Ausgenommen die Fälle des Art. 381 tritt Verfolgung wegen Vermögensbeschädigung nur auf Antrag des Verletzten ein.

Kapitel XXXII.
Gemeingefährliche Verbrechen.

Art. 383. Wegen Brandstiftung wird mit Zuchthaus nicht unter drei Jahren bestraft, wer

1. ein dem Gottesdienste gewidmetes Gebäude,
2. ein Gebäude, ein Schiff oder eine Hütte, worin Menschen wohnen oder die zum Wohnen bestimmt sind,
3. ein Gebäude oder einen andern Raum, die zeitweilig zum Wohnen dienen zu einer Zeit, in der gewöhnlich Menschen dort wohnen,
4. ein Gebäude, das zur Aufbewahrung von Brennmaterial dient oder worin die öffentliche Bibliothek, das Archiv oder Sammlungen von Gegenständen der Wissenschaft oder Kunst sich befinden,

vorsätzlich in Brand setzt.

Art. 384. Vorsätzliche Brandstiftung wird mit Zuchthaus von einem bis zu zehn Jahren bestraft, wenn

1. ein Gebäude, ein Schiff oder eine Hütte, worin Menschen nicht wohnen oder die zum Wohnen nicht bestimmt sind,

2. ein zeitweilig bewohnter Raum, in dem gewöhnlich Menschen nicht wohnen,
3. ein Wirtschaftsgebäude, ein Vorrat verschiedener Waaren oder Produkte, die im Freien lagern, von nicht geschnittenen oder nicht aus der Erde herausgenommenen Feldfrüchten, von Holz, ein Magazin, ein Bergwerk oder eine Brücke

Gegenstand derselben sind.

Art. 385. Brandstiftung (Art. 383) wird mit dem Tode oder mit lebenslänglichem Zuchthaus bestraft

1. wenn ein Mensch, der sich in dem in Brand gesetzten Gebäude oder Raume befand, als der Brand ausbrach, dabei sein Leben verlor und der Schuldige von jenem Umstand wufste oder wissen konnte;
2. wenn der Brand von einer oder mehreren Personen gestiftet wurde, um dabei Tötung, Raub oder Aufruhr zu begehen;
3. wenn die Brandstiftung von zwei oder mehreren Personen begangen wurde, die sich zu Begehung von Brandstiftung, Raub oder Zerstörung verbunden hatten.

Art. 386. Nach den Artt. 383 und 384 wird auch bestraft, wer in böser Absicht sein eigenes Haus oder einen andern zu den aufgezählten gehörigen eignen Gegenstand in Brand setzt, der nach Beschaffenheit und Lage das Leben eines Menschen oder fremdes Vermögen gefährdet.

Im Fall des Art. 385 tritt lebenslängliches Zuchthaus ein.

Art. 387. In den Fällen der Artt. 383—386 tritt bei Fahrlässigkeit Gefängnis bis zu einem Jahre ein.

Hat aber der Brand den Tod eines Menschen zur Folge gehabt, so tritt Gefängnis nicht unter sechs Monaten ein.

Art. 388. Wegen Brandstiftung (Artt. 383—386) ist gegen den Schuldigen auf Entziehung der in Art. 30 No. 1—4 aufgeführten Rechte zu erkennen.

Art. 389. Wegen Brandstiftung wird der Thäter nicht verfolgt, wenn er selbst den ausgebrochenen Brand löscht oder, wenn auch von einem andern unterstützt, erfolgreich die weitere Verbreitung hindert, ehe seine Thätigkeit entdeckt oder ein andrer als der durch die blofse Inbrandsetzung bewirkte Schaden entstanden ist.

Art. 390. Ein Komplott zum Zweck der Begehung einer Brandstiftung wird mit Gefängnis nicht unter sechs Monaten bestraft.

Art. 391. Jede böswillige Zerstörung bewohnter Gebäude, Schiffe, Eisenbahnen oder andrer Bauten durch Sprengstoffe steht der Brandstiftung gleich und wird mit dem Tode oder mit lebenslänglichem Zuchthaus bestraft.

Der Versuch dieses Verbrechens wird gleich dem vollendeten Verbrechen bestraft.

Art. 392. Wer Sprengstoffe auf die Strafse oder an einen andern Ort hinlegt oder wirft, um einen Menschen zu töten, wird mit Zuchthaus von fünf bis zu fünfzehn Jahren bestraft.

Art. 393. Bedrohung des Lebens einer Person mittels Sprengstoffen wird mit Gefängnis bestraft.

Art. 394. Ist ein Verbrechen mittels Sprengstoffen begangen, so wird derjenige, der sie fabrizierte, verschaffte oder dem Thäter verkaufte, wenn er wufste, dafs sie zur Verwendung zu diesem Zwecke bestimmt sind, als Teilnehmer an dem Verbrechen bestraft.

Art. 395. Wenn zwei oder mehrere Personen sich verabreden, ein Verbrechen mittels Sprengstoffen zu begehen und es zur Vorbereitung oder dem Beginn der Ausführung, nicht aber zur Vollendung kommt, so werden diese mit Zuchthaus von fünf bis zu fünfzehn Jahren bestraft.

Art. 396. Mit Gefängnis von drei Monaten bis zu einem Jahre und mit Geldstrafe von zweihundert bis zu zweitausend Lew wird bestraft, wer ohne Erlaubnis der Regierung oder zuwider den Vorschriften der von ihr für diesen Zweck erlassenen Verordnungen

1. ein Gebäude zur Fabrikation oder ein Depot von Sprengstoffen errichtet;
2. Sprengstoffe bei verschiedenen Unternehmungen verwendet — wie in Steinbrüchen, Minen, Bau von öffentlichen Strafsen, Zufluchtsorten, Kanälen, Bassins, Durchschlag von Tunneln und andern ähnlichen Arbeiten, bei denen Sprengmittel als Kraft verwendet werden;
3. ein Magazin zum Verkaufe von Sprengstoffen eröffnet und
4. ein industrielles Etablissement (pyrotechnisches zur Zubereitung von Materialien, Versuchen mit wissenschaftlichem oder praktischem Zweck und andres) errichtet, worin Sprengstoffe vorgearbeitet werden und als Mittel der industriellen Unternehmung dienen.

Art. 397. Wegen jeder Übertretung reglementarischer Vorschriften über Fabrikation, Verwahrung, Verkauf, Transport, Verwendung oder Vernichtung von Sprengstoffen tritt, falls zufolge solcher Übertretung eine Explosion erfolgen konnte oder erfolgte, Gefängnis bis zu sechs Monaten ein.

Ist durch eine Explosion jemand an seiner Gesundheit geschädigt, verwundet oder getötet worden, so tritt Gefängnis ein. Auch wird der Schuldige solidarisch mit dem Besitzer der Fabrik, der Unternehmung oder der Sprengstoffe, wenn auch dieser nicht unmittelbar an dem Unglück Schuld trug, zur Zahlung einer Entschädigung an die überlebenden arbeitsuntauglichen Verletzten oder ihre Familien verurteilt. Neben weiterer Bestrafung kann der Schuldige auch des Rechtes auf Betreibung seines Gewerbes verlustig erklärt oder ihm der Betrieb seiner Anstalt zeitweilig oder auf immer untersagt werden.

Art. 398. Mit Gefängnis von sechs Monaten bis zu drei Jahren und Geldstrafe von drei- bis zu zehntausend Lew wird bestraft, wer heimlich ohne Wissen und Erlaubnis der Regierung oder unter fremdem Namen auf eine einem Dritten erteilte Genehmigung Sprengstoffe fabriziert oder aus dem Auslande einführt.

Bei den in diesem Artikel erwähnten strafbaren Handlungen werden sämtliche beschlagnahmten Sprengstoffe, Instrumente und Gerätschaften zur Herstellung derselben zum Nutzen des Staatsschatzes eingezogen.

Art. 399. Mit Gefängnis von einem Monate bis zu einem Jahre und Geldstrafe von hundert bis zu tausend Lew wird jeder bestraft, der bei sich im Hause oder an irgend einem andern Orte irgend welche Menge von Sprengstoffen hält. Neben weiterer Strafe werden alle beschlagnahmten Sprengstoffe zum Nutzen des Staatsschatzes eingezogen.

Die Vorschriften dieses Artikels finden auf diejenigen nicht Anwendung, die gemäfs spezieller Genehmigung oder auf Grund besonderer Anordnungen der im Lande geltenden Gesetze und Vorschriften das Recht haben, bei sich bestimmte Mengen von Sprengmaterial zu halten.

Art. 400. Wer ohne Erlaubnis der zuständigen Behörde Sprengmaterial von Militärpersonen oder Beamten der Staatsarsenale, Pulvermühlen, chemischen Laboratorien und ähnlichen Anstalten kauft oder eintauscht, gilt als Teilnehmer an Diebstahl von Staatseigentum und wird mit Gefängnis bestraft.

Art. 401. Wer vorsätzlich eine Überschwemmung verursacht und dadurch fremdes Vermögen gefährdet, wird mit Zuchthaus bis zu zehn Jahren bestraft.

Wollte er nur sein eigenes Vermögen retten oder schützen, so tritt Gefängnis nicht unter einem Jahre ein.

Art. 402. Wer vorsätzlich mit Gefahr für das Leben andrer, die er voraussehen konnte, eine Überschwemmung verursacht, wird mit Zuchthaus nicht unter drei Jahren bestraft.

Wurde dadurch der Tod eines Menschen verursacht, so tritt lebenslängliches Zuchthaus ein.

Art. 403. Wer fahrlässig eine Überschwemmung verursacht und dadurch das Leben oder das Vermögen andrer gefährdet, wird mit Gefängnis bis zu einem Jahre bestraft.

Wurde dadurch der Tod eines Menschen verursacht, so tritt Gefängnis nicht unter sechs Monaten ein.

Art. 404. Wegen vorsätzlicher Verursachung einer Überschwemmung wird gegen den Schuldigen auf Entziehung der in Art. 30 No. 1 und 2 aufgeführten Rechte erkannt.

Art. 405. Wer eine Eisenbahn oder sonstiges Zubehör einer solchen beschädigt und dadurch das Leben oder das Vermögen andrer gefährdet, wird bestraft

1. mit lebenslänglichem Zuchthaus, wenn dadurch der Tod eines verursacht wurde;
2. mit Zuchthaus von fünf bis zu zehn Jahren, wenn dadurch eine schwere Körperverletzung eines Menschen verursacht wurde;
3. mit Zuchthaus bis zu fünf Jahren in allen andern Fällen.

Ebenso wird bestraft, wer vorsätzlich eine solche Gefahr verursacht, indem er ein zur Sicherung bestimmtes Zeichen verstellt oder wegnimmt oder aber ein falsches Zeichen gibt oder das vorgeschriebene richtige nicht gibt.

Art. 406. In den Fällen des Art. 405 tritt bei Fahrlässigkeit des Schuldigen Gefängnis bis zu einem Jahre ein.

Wurde dadurch der Tod eines Menschen verursacht, so tritt Gefängnis nicht unter sechs Monaten ein.

Art. 407. Nach Art. 405 wird auch derjenige Eisenbahnbeamte bestraft, der vorsätzlich fremdes Vermögen oder das Leben von Personen gefährdet, die sich auf oder in der Nähe des Eisenbahnzuges befinden.

Geschah dies unter Vernachlässigung der Dienstpflicht, so tritt die Strafe des Art. 406 ein.

Art. 408. Wer vorsätzlich eine Telegraphen- oder Telephonanlage, wie deren Zubehör, beschädigt oder auf andre Weise den telegraphischen Verkehr allgemein stört oder unterbricht, wird mit Gefängnis nicht unter sechs Monaten bestraft.

Bei Fahrlässigkeit tritt Gefängnis bis zu sechs Monaten ein.

Ist die Handlung unter gewaltsamer Wegnahme der Station oder zur Zeit eines Aufruhrs begangen, so tritt Gefängnis von einem bis zu drei Jahren ein.

Art. 409. Nach Art. 408 wird auch derjenige Telegraphenbeamte oder -Bedienstete bestraft, der vorsätzlich oder durch Vernachlässigung seiner Dienstpflicht den telegraphischen Verkehr stört, hindert oder unterbricht.

Art. 410. Wer vorsätzlich durch eine Handlung oder Unterlassung bewirkt, dafs ein Schiff leck oder sonst beschädigt wird, strandet oder sinkt und dadurch das Leben oder das Vermögen andrer gefährdet, wird bestraft

1. mit lebenslänglichem Zuchthaus, wenn dies den Tod eines Menschen zur Folge hatte;
2. mit Zuchthaus von fünf bis zu zehn Jahren, wenn dies eine schwere Körperverletzung eines Menschen zur Folge hatte;
3. mit Zuchthaus bis zu fünf Jahren in allen andern Fällen.

Art. 411. In den Fällen des Art. 410 tritt bei Fahrlässigkeit Gefängnis bis zu einem Jahre ein.

Ist der Tod eines Menschen die Folge gewesen, so tritt Gefängnis nicht unter sechs Monaten ein.

Art. 412. Nach Art. 410 wird auch bestraft, wer vorsätzlich die erwähnte Gefahr verursacht, indem er ein zur Sicherung der Schiffahrt bestimmtes Zeichen wegnimmt oder verrückt oder ein solches Zeichen zu geben unterläfst oder ein falsches gibt.

Bei Fahrlässigkeit tritt Bestrafung nach Art. 411 ein.

Art. 413. Wer vorsätzlich einen für Leben oder Gesundheit schädlichen Gegenstand in einen Brunnen, eine Quelle, eine Wasserleitung oder eine ähnliche zu gemeinem Gebrauch bestimmte Anlage wirft oder mischt, die mittelbar oder unmittelbar zur Beschaffung von Trinkwasser dient, wird bestraft

1. mit lebenslänglichem Zuchthaus, wenn dadurch der Tod eines Menschen verursacht wurde;

2. mit Zuchthaus von fünf bis zu zehn Jahren, wenn dadurch eine schwere Körperverletzung eines Menschen verursacht wurde;
3. mit Zuchthaus bis zu fünf Jahren in allen andern Fällen.

Ebenso wird bestraft, wer eine solche Zuthat Gegenständen beimischt, die zum Verkauf ausgelegt oder zu allgemeiner Verwendung ausgestellt und zum Essen oder Trinken bestimmt sind, ferner, wer solche Gegenstände verkauft, ausbietet oder sonst in den Verkehr bringt, trotzdem er ihre Gefährlichkeit kannte.

Art. 414. Ist in den in Art. 413 erwähnten Fällen aus Fahrlässigkeit gehandelt, so tritt Gefängnis bis zu einem Jahre ein.

Ist aber der Tod eines Menschen die Folge gewesen, so tritt Gefängnis nicht unter sechs Monaten ein.

Art. 415. Wer vorsätzlich eine amtliche Anordnung übertritt, die gegen Verbreitung oder Einschleppung von ansteckenden Krankheiten gerichtet ist, wird mit Gefängnis bis zu sechs Monaten bestraft.

Ist der Tod eines Menschen die Folge gewesen, so tritt Gefängnis nicht unter sechs Monaten ein.

Art. 416. Wer vorsätzlich eine offizielle Anordnung übertritt, die gegen Verbreitung oder Einschleppung von Viehseuchen gerichtet ist, wird mit Gefängnis bis zu drei Monaten bestraft.

Ist daraus eine Seuche entstanden, so tritt Gefängnis bis zu einem Jahre ein.

Art. 417. Wer wissentlich oder fahrlässig bei Leitung oder Ausführung von Bauten die allgemein anerkannten Regeln der Baukunst übertritt und dadurch einen Menschen gefährdet, wird mit Gefängnis bis zu einem Jahre bestraft.

Kapitel XXXIII.
Verbrechen im Amte und im Advokatenberufe.

Art. 418. Beamter im Sinne gegenwärtigen Gesetzes ist jeder, der besoldet oder unbesoldet, dauernd oder zeitweilig, auf Ernennung, Wahl oder auf Auftrag, vereidigt oder unvereidigt mit einem Staats- oder Gemeindeamte betraut ist, wie auch derjenige, der mit den Angelegenheiten von Anstalten oder Werkstätten betraut ist, die unter unmittelbarer Aufsicht und Verwaltung des Staates oder einer Gemeinde steht.

Art. 419. Ein Beamter der bewaffneten Macht, der in gesetzlicher Form von der zuständigen Zivilbehörde hierzu aufgefordert, seine Mitwirkung verweigert oder zu leisten unterläſst, wird mit Gefängnis nicht unter drei Monaten oder mit Zuchthaus bis zu fünf Jahren bestraft.

Art. 420. Ein Beamter, der die Mitwirkung der bewaffneten Macht anruft, um die Ausführung gesetzlicher Anordnungen, Befehle, Urteile oder Entscheidungen einer gerichtlichen oder andern öffentlichen Behörde zu hindern, wird mit Zuchthaus bis zu fünf Jahren bestraft.

Art. 421. Ein Beamter, der sich Gelder oder andre Wertsachen zueignet, die ihm in amtlicher Eigenschaft eingehändigt oder zur Verwahrung oder Verwaltung in gleicher Eigenschaft anvertraut sind, wird mit Zuchthaus bis zu fünf Jahren bestraft.

Art. 422. Wegen des in Art. 421 erwähnten Verbrechens wird mit Zuchthaus von zwei bis zu zehn Jahren derjenige Beamte bestraft, der behufs Hinderung oder Erschwerung der Entdeckung falsche Belege anfertigt oder richtige Belege, Bücher, Rechnungen oder Protokolle, die zu Eintrag und Kontrolle der Belege bestimmt sind, verfälscht; Bücher, Rechnungen oder andre auf die Unterschlagung bezügliche Urkunden oder Belege vernichtet oder zur Verwendung untauglich macht und allgemein noch aufser der Unterschlagung ein andres mit derselben zusammenhängendes nicht schwerer zu strafendes Verbrechen begeht.

Art. 423. Wegen des in Art. 421 erwähnten Verbrechens tritt Gefängnis nicht unter sechs Monaten ein, wenn der unterschlagene Betrag aus der Amtskaution des Thäters gedeckt wird oder, falls keine gestellt, bis zur Einleitung des Strafverfahrens geleistet und ersetzt wird und nicht das in Art. 422 erwähnte Verbrechen begangen ist.

Art. 424. Ein Beamter, der mit Einhebung von Staats- oder Gemeindesteuern oder andern Auflagen oder Abgaben betraut, wissentlich solche erhebt, die der Zahlende gar nicht oder nicht in solcher Höhe schuldet und dann diese gar nicht oder nur zum Teil gehörigen Ortes abliefert, wird mit Gefängnis nicht unter sechs Monaten bestraft.

Art. 425. Nach Art. 424 wird auch derjenige Beamte bestraft, der amtlich mit Leistung von Zahlungen oder andern Gegenständen betraut, rechtswidrig dem Empfänger etwas von dem ihm gebührenden vorenthält, dies aber in den Rechnungen als ausgezahlt einträgt.

Art. 426. In den Fällen der Artt. 424 und 425 tritt Zuchthaus bis zu fünf Jahren ein, wenn die rechtswidrig erhobenen und nicht gehörigen Ortes abgelieferten Steuern oder Abgaben oder vorenthaltenen Gelder und Gegenstände dreihundert Lew übersteigen.

Art. 427. Ein Beamter, der irgendwelche Auflagen oder Abgaben einzuziehen hat, die ihm für amtliche Arbeiten zustehen, wird, wenn er wissentlich solche einzieht, die der Zahlende gar nicht oder nicht in solcher Höhe schuldet, mit Gefängnis bis zu zwei Jahren bestraft.

Übersteigt der Betrag der rechtswidrig erhobenen Abgaben dreihundert Lew, so tritt Zuchthaus bis zu fünf Jahren ein.

Art. 428. Ein Beamter, der ein Geschenk oder eine Belohnung annimmt, wo solche ihm nicht zustehen oder aber ein vor oder nach Leistung oder Unterlassung einer amtlich zu leistenden Thätigkeit gegebenes Versprechen nicht ablehnt, wird wegen Bestechung mit Gefängnis bestraft.

Enthält der geleistete oder unterlassene Akt in sich zugleich eine Verletzung der Amtspflichten, so tritt Zuchthaus bis zu fünf Jahren ein.

Dieselbe Strafe trifft einen Beamten, wenn mit seiner Zustimmung Geschenke oder Belohnungen einem andern gegeben oder versprochen werden.

Art. 429. Unter Art. 428 fallen nicht solche Geschenke und Belohnungen, die einem Beamten freiwillig und mit Genehmigung des unmittelbaren Vorgesetzten für eine aufserordentliche Mühwaltung gegeben werden, noch auch übliche Geschenke oder Belohnungen, die einem Diener unaufgefordert gegeben werden, falls dies nicht ausdrücklich durch eine amtliche Vorschrift verboten ist.

Art. 430. Bestechung wird mit Zuchthaus von zwei bis zu zehn Jahren bestraft, wenn der Beamte

1. Richter oder Gerichtsbeisitzer ist, der ungesetzlich in einer Straf- oder Zivilsache urteilt oder erkennt, für die er bestochen ist;
2. Staatsanwalt oder Untersuchungsrichter ist, der in irgend welcher Weise seine Pflichten in einer Strafsache, für die er bestochen ist, verletzt.

Art. 431. Ein Beamter, der seine Amtspflichten verletzt, um sich oder einem andern irgend welchen Vorteil zu verschaffen oder einem andern Schaden oder Nachteil zuzufügen, wird mit Zuchthaus bis zu fünf Jahren bestraft.

Art. 432. Ein Geistlicher. der Personen traut, obgleich er weiſs, daſs eine von ihnen Bigamie begeht, wird mit Zuchthaus bis zu fünf Jahren bestraft.

Bei Fahrlässigkeit tritt Gefängnis bis zu einem Jahre ein.

Art. 433. Ein Geistlicher, der Personen traut, obgleich er weiſs, daſs Ehehindernisse bestehen, welche die Eheschlieſsung ungiltig machen, wird mit Gefängnis nicht unter sechs Monaten bestraft.

Bei Fahrlässigkeit tritt Gefängnis bis zu sechs Monaten ein.

Art. 434. Ein Beamter, der in Ausübung seiner Amtsobliegenheiten rechtswidrig Zwangsmittel anwendet oder anwenden läſst, um von einem Angeklagten, Zeugen oder Sachverständigen ein Geständnis oder eine Aussage zu erpressen, wird mit Zuchthaus bis zu fünf Jahren bestraft.

Art. 435. Ein Beamter, der gegen eine Person ein Strafverfahren eröffnet oder fortsetzt, während ihm die Nichtschuld dieser Person bekannt ist, wird mit Gefängnis nicht unter sechs Monaten bestraft.

Art. 436. Ein Beamter, der vorsätzlich gegen eine Person eine Strafe vollstrecken läſst, von der er weiſs, daſs sie überhaupt nicht oder nicht in der Art oder in dem Maſse vollstreckt werden darf, wird mit Zuchthaus bis zu fünf Jahren bestraft.

Ist die Handlung aus Fahrlässigkeit begangen oder ist die Strafe Haft oder Geldstrafe, so tritt Gefängnis bis zu einem Jahre ein.

Art. 437. Ein Beamter, der rechtzeitig seine Pflichten zu erfüllen unterläſst, die ihm sein Amt rücksichtlich eines Strafverfahrens auferlegt oder aber in andrer Weise den Erfolg einer solchen Verfolgung vereitelt, um eine Person der ihr gesetzlich gebührenden Bestrafung zu entziehen, wird mit Zuchthaus bis zu fünf Jahren oder mit Gefängnis nicht unter sechs Monaten bestraft.

Gleicher Strafe unterliegt ein Beamter, der in gleicher Absicht ein in Rechtskraft erwachsenes Urteil, das er amtlich zu vollstrecken verpflichtet war, zu vollstrecken unterläſst.

Art. 438. Ein Beamter, der sich einer gesetzlichen Revision betreffs seiner Amtshandlungen oder in einer seiner Aufsicht unterstehenden Anstalt widersetzt oder solche nicht zuläſst, wird mit Gefängnis nicht unter drei Monaten bestraft.

Art. 439. Ein Organ der öffentlichen Gewalt, das die Flucht eines Gefangenen oder einer andern verurteilten Person, die seiner amtlichen Aufsicht untersteht, unterstützt oder zuläfst, wird mit Zuchthaus bis zu fünf Jahren bestraft.

Ist dies aus Fahrlässigkeit geschehen, so tritt Gefängnis bis zu einem Jahre ein.

Art. 440. Ein Beamter, der vorsätzlich einer Person ein falsches Zeugnis über ihre Vermögenslage oder ihre Aufführung ausstellt, wird mit Gefängnis bis zu einem Jahre bestraft.

Art. 441. Ein Beamter der öffentlichen Gewalt oder ein Angestellter, der vorsätzlich einen ihm untergebenen Beamten zu einem Verbrechen bestimmt oder ihn nicht daran hindert, unterliegt der Strafe, die für das begangene Verbrechen vorgesehen ist.

Art. 442. Ein Beamter, der zum Schaden des Staates oder von Privatpersonen einem andern Verhandlungen, Beschlüsse, Anordnungen oder Mitteilungen bekannt gibt oder veröffentlicht, die ihm amtlich anvertraut oder zugänglich sind und, wie er weifs, ein Amtsgeheimnis bilden, wird mit Gefängnis bis zu zwei Jahren bestraft.

Art. 443. Ein Beamter, der sich der Erfüllung der ihm amtlich obliegenden Pflichten entzieht, wird mit Gefängnis bis zu sechs Monaten bestraft.

Thun dies zwei oder mehrere Beamte gemeinschaftlich, so tritt Gefängnis bis zu sechs Monaten ein.

Art. 444. Ein Advokat, der unter Verletzung seiner Amtspflichten rechtswidrig in einer Angelegenheit, die ihm in seiner Eigenschaft als Advokat anvertraut ist, beiden Parteien dient oder im Laufe des Prozesses austritt oder sich der Vertretung seines Klienten entzieht und ohne Einwilligung des letztern die Vertretung des Gegners übernimmt, wird mit Gefängnis nicht unter sechs Monaten bestraft und kann des Rechtes auf Ausübung seines Berufs verlustig erklärt werden.

Hat der Advokat im Einverständnis mit dem Gegner zum Nachteil seines Klienten gehandelt, so tritt Zuchthaus bis zu fünf Jahren und Entziehung des Rechtes auf Ausübung seines Berufs ein.

Art. 445. Wegen der in den Artt. 421, 422, 426, 427 alin. 2, 428, 431, 432 alin. 2 und 444 erwähnten Verbrechen kann gegen den Schuldigen auf Entziehung der in Art. 30 No. 3 und 4 aufgeführten Rechte erkannt werden.

Teil II.

Übertretungen und ihre Strafen.

Kapitel I.

Übertretungen rücksichtlich der Militärpflicht.

Art. 446. Ein bulgarischer Unterthan, der bei Vollendung seines siebzehnten Jahres sich nicht in eine Einberufungsordre eintragen läfst, wird mit Geldstrafe bis zu fünfzig Lew bestraft.

Ist er volle neunzehn Jahre alt, so tritt Geldstrafe bis zu hundert Lew ein.

Wer volle zwanzig Jahre alt und zum Militärdienst tauglich ist, wird in die Kadres des stehenden Heeres eingereiht, ohne Anrecht auf Auslosung und Erleichterung; wenn untauglich, mit Geldstrafe von hundert bis zu dreihundert Lew bestraft.

Anm. Die Geldstrafe wird persönlich von demjenigen, der sich nicht eintragen liefs, erhoben oder bei Zahlungsunfähigen von seinen Eltern, Vormündern oder Dienstherren.

Art. 447. Kein bulgarischer Unterthan kann nach vollendetem siebzehnten Jahre in einen staatlichen, öffentlichen oder privaten Dienst aufgenommen werden, noch einen Pafs, Reiseschein oder Stipendienzeugnis erhalten, wenn er nicht den Beweis liefert, dafs er sich in eine Einberufungsordre eintragen liefs. Wer einen solchen jungen Mann in Dienst nimmt oder ihm obige Dokumente ausstellt, ohne ein Zeugnis über Eintragung in eine Einberufungsordre zu fordern, wird als Beamter mit Geldstrafe von fünfundzwanzig bis zu dreihundert Lew, als Privater mit Geldstrafe von zehn bis zu hundert Lew bestraft.

Art. 448. Mitglieder der Gemeindeverwaltung, die aus Nachlässigkeit unrichtige oder unvollständige Einberufungsordres ausstellen, werden mit Geldstrafe von fünfzig bis zu dreihundert Lew bestraft.

Art. 449. Wegen nicht rechtzeitiger Zusammenstellung von Einberufungsordres tritt Geldstrafe von hundert bis zu dreihundert Lew ein.

Art. 450. Ein in eine Einberufungsordre eingetragener junger Mann, der bis zum zwanzigsten Jahre sich ohne triftige Gründe nicht vor der Werbekommission stellt oder nicht ein reguläres Zeugnis vorlegt, dafs er mit Vorwissen der Lehranstalt ins Ausland geht, wird als Heeresflüchtiger

bei Diensttauglichkeit in das stehende Heer ohne Anrecht auf Auslosung und Erleichterung eingereiht,

bei Dienstuntauglichkeit mit Geldstrafe von hundert bis zu dreihundert Lew bestraft.

Art. 451. Wer in den geistlichen Stand eintritt, bevor er in dem stehenden Heere gedient hat, wird mit Geldstrafe von tausend Lew bestraft.

Kapitel II.
Übertretungen betreffend die Staatssicherheit, öffentliche Ordnung und Ruhe.

Art. 452. Wer einen Plan aufnimmt, eine Festung zeichnet oder beschreibt oder eine solche Zeichnung oder Beschreibung ohne Erlaubnis der zuständigen Behörde veröffentlicht, wird mit Haft bis zu drei Monaten oder mit Geldstrafe bis zu fünfhundert Lew bestraft.

Art. 453. Wer heimlich oder gegen ausdrückliches Verbot der Behörde Vorräte von Waffen oder Schiefsbedarf aufsammelt, wird mit Haft bis zu drei Monaten oder mit Geldstrafe bis zu fünfhundert Lew bestraft.

Art. 454. Wer von einem gemeinen Soldaten ohne schriftliche Erlaubnis seines militärischen Oberen Montierungsstücke kauft oder als Geschenk, zu Pfand, in Tausch annimmt, um sie zu benutzen oder aufzubewahren, wird mit Haft bis zu einem Monat oder mit Geldstrafe bis zu hundert Lew bestraft.

Art. 455. Wer Abdrücke, Zeichen, Fabrikate, die nach ihrer Form dem Gelde gleichen, verfertigt, verbreitet oder zum Zweck der Verbreitung aufbewahrt, wird mit Geldstrafe bis zu fünfhundert Lew bestraft.

Gegenstände, die als Mittel zu der Übertretung gedient haben, werden eingezogen.

Art. 456. Ein Kaufmann oder Gewerbtreibender, bei dem zum Gebrauche in ihrem Handel oder Gewerbe geeignete, mit dem gesetzlichen Stempel nicht versehene oder unrichtige Mafse, Gewichte oder Wagen gefunden werden, wie auch derjenige, der nicht vollwichtig verkauft, wird mit Haft bis zu drei Monaten oder mit Geldstrafe bis zu dreihundert Lew bestraft.

Solche Mafse, Gewichte und Wagen werden eingezogen.

Art. 457. Wer ohne Erlaubnis der zuständigen Behörde öffentlich bettelt oder sein eigenes oder ein seiner Leitung unterworfenes Kind zum Betteln ausschickt, wird mit Haft bis zu zwei Wochen oder mit Geldstrafe bis zu fünfundzwanzig Lew bestraft.

Geschieht dies durch zwei oder mehrere Personen im Alter von über siebzehn Jahren nach Verabredung, so tritt Haft bis zu einem Monat ein.

Art. 458. Wer bei Befragung durch die zuständige Behörde nicht seinen richtigen Namen angibt oder sich einen falschen beilegt, wird mit Haft bis zu zwei Monaten bestraft.

Art. 459. Wer ohne Erlaubnis der zuständigen Behörde oder ohne dazu berechtigt zu sein, eine Uniform, ein Amtsabzeichen, ein militärisches oder andres Ehrenzeichen trägt, wird mit Geldstrafe bis zu dreihundert Lew bestraft.

Art. 460. Wer ein Gewerbe, einen Handel, eine Beschäftigung oder eine Kunst, ohne dazu berechtigt zu sein, betreibt, wird mit Geldstrafe bis zu fünfhundert Lew bestraft.

Art. 461. Wer durch Streit, Schlägerei oder auf andre ähnliche Weise die öffentliche Ruhe stört, wird mit Haft bis zu einer Woche oder mit Geldstrafe bis zu fünfundzwanzig Lew bestraft.

Geschieht dies seitens zweier oder mehrerer Personen, die trotz erfolgter polizeilicher Aufforderung nicht auseinandergehen, so tritt Haft bis zu einem Monat oder Geldstrafe bis zu hundert Lew ein.

Art. 462. Wer die öffentliche Ruhe durch falsche Signale oder falschen Alarm stört, wird mit Haft bis zu zwei Monaten oder mit Geldstrafe bis zu zweihundert Lew bestraft.

Art. 463. Wer die Ordnung oder Ruhe bei öffentlichen Versammlungen oder während theatralischer Vorstellungen, Volksfesten oder andrer ähnlicher Anlässe stört, wird mit Haft bis zu einer Woche oder mit Geldstrafe bis zu fünfundzwanzig Lew bestraft.

Art. 464. Wer ein Volksspiel, eine Belustigung oder theatralische Vorstellung ohne die gesetzlich erforderliche behördliche Erlaubnis veranstaltet, wird mit Geldstrafe bis zu fünfundzwanzig Lew bestraft.

Art. 465. Wer ein Kaffeehaus, eine Schenke oder andre ähnliche Lokale zu verbotener Zeit offenhält oder in ihnen verbotene Belustigungen, Spiele, Unordnung oder Unfug duldet, wird mit Geldstrafe bis zu fünfzig Lew bestraft.

Art. 466. Wer in einer Schankstube oder an einem öffentlichen Vergnügungsorte über die von der Polizeibehörde bestimmte Zeit hinaus verweilt, trotzdem der Wirt oder ein Polizeibeamter ihn zum Fortgehen auffordert, wird mit Geldstrafe bis zu fünfundzwanzig Lew bestraft.

Wer das Verweilen seiner Gäste über die von der Polizeibehörde bestimmte Zeit hinaus duldet, wird mit Geldstrafe bis zu hundert Lew oder mit Haft bis zu fünfzehn Tagen bestraft.

Art. 467. Wegen offenen Ungehorsams wird mit Gefängnis bis zu drei Monaten bestraft

1. wer gesetzlich vorgeladen oder aufgefordert sich weigert, vor der zuständigen Behörde zu erscheinen oder die ihm als Zeugen, Sachverständigen, Übersetzer, Gerichtsbeisitzer oder Dolmetsch obliegenden Pflichten in einem Strafverfahren zu erfüllen;
2. wer gesetzlich aufgefordert sich weigert, der zuständigen Behörde einen Gegenstand vorzulegen, der in einem Strafverfahren verglichen oder besichtigt werden soll.

Kapitel III.
Übertretungen gegenüber der Behörde im allgemeinen und verschiedener administrativer Vorschriften im besondern.

Art. 468. Wegen offenen Ungehorsams wird mit Haft bis zu einem Monat bestraft, wer den Anstand oder die Ruhe während einer Gerichtssitzung oder einer andern Amtshandlung stört und sich nicht entfernt, sobald dies von einer dafür zuständigen Person ausdrücklich befohlen wird.

Art. 469. Wer von der zuständigen Behörde in Fällen der Gefahr für Vermögen, Gesundheit oder Leben von Personen oder in Fällen eines soeben begangenen Verbrechens zur Hilfeleistung aufgefordert keine Folge leistet, obgleich er dies ohne Gefährdung seiner selbst oder eines andern thun kann, wird mit Geldstrafe bis zu fünfzig Lew bestraft.

Art. 470. Beschädigung oder Vernichtung der auf Anordnung der rechtmäfsigen Behörden angebrachten Wappen, Aufschriften oder Bekanntmachungen, ebenso Beschädigung öffentlicher Denkmäler wird mit Haft bis zu einem Monat oder mit Geldstrafe bis zu hundert Lew bestraft.

Art. 471. Wer einen Befehl oder eine Verordnung der Polizei übertritt, die zum Zweck der Erhaltung oder Aufrechterhaltung der Sicherheit, Bequemlichkeit, Reinlichkeit oder Ruhe auf öffentlichen Wegen, Strafsen, Märkten oder Brücken erlassen ist, wird mit Haft bis zu einem Monat oder mit Geldstrafe bis zu hundert Lew bestraft.

Art. 472. Wer einen Befehl oder eine Verordnung der Polizei übertritt, die zur Verhütung oder Bewahrung vor Feuers- oder Wassergefahr erlassen ist, wird mit Haft bis zu einem Monat oder mit Geldstrafe bis zu hundert Lew bestraft.

Art. 473. Wer unbefugt einen durch gesetzliche Vorschrift der zuständigen Gerichts- oder Regierungsbehörde ihm zum Wohnen bestimmten Ort verläfst, ebenso wer an einen Ort unbefugt zurückkehrt, aus dem er ausgewiesen wurde, wird mit Haft bis zu drei Monaten oder mit Geldstrafe bis zu dreihundert Lew bestraft.

Neben dieser Geldstrafe trifft die Schuldigen Verbringung an die ihnen zum Aufenthalt angewiesenen Orte.

Art. 474. Wer eine die vorzeitige Beerdigung verbietende Vorschrift übertritt, wird mit Haft bis zu einem Monat oder mit Geldstrafe bis zu hundert Lew bestraft.

Art. 475. Wer eine gesetzmäfsige Anordnung, Aufforderung, einen solchen Befehl oder eine solche Vorschrift einer Behörde oder eines Anstaltsvorstandes oder eines Organs der Behörde entweder nicht oder nicht gehörig erfüllt oder sie sonst übertritt, wird mit Geldstrafe bis zu fünfundzwanzig Lew bestraft.

Art. 476. Wer einen Befehl oder eine Vorschrift betreffend die Feier von Festtagen übertritt, wird mit Geldstrafe bis zu fünfundzwanzig Lew bestraft.

Art. 477. Wer das Staatsgebiet verläfst, ohne den vorgeschriebenen Pafs oder das vorgeschriebene Zeugnis zu beziehen, wird nach seiner Rückkehr, abgesehen von Nachzahlung der vorgeschriebenen Gebühr, mit Geldstrafe bis zu fünfundzwanzig Lew bestraft.

Diese Vorschrift kommt dann nicht zur Anwendung, wenn der Schuldige einer schwereren Bestrafung wegen einer vor Verlassen der Gebietsgrenze oder während seiner Abwesenheit begangenen strafbaren Handlung unterliegt.

Art. 478. Wer die gesetzlichen Vorschriften betreffend Mitteilung von Notizen über die Zahl von Geburten und Todesfällen an die zuständigen Behörden übertritt, wird mit Geldstrafe bis zu zweihundert Lew bestraft.

Art. 479. Wer als Zeuge einer plötzlichen Lebensgefährdung eines Menschen diesem nicht zu Hilfe eilt, wo er diese leisten konnte, ohne sich oder einen andern zu gefährden, wird, wenn dies den Tod der Person zur Folge hat, mit Haft bis zu drei Monaten oder mit Geldstrafe bis zu dreihundert Lew bestraft.

Art. 480. Mit Geldstrafe von fünfundzwanzig bis zu fünfhundert Lew wird bestraft

1. wer Gelder in Schachteln mit Wertangabe, in Packeten oder andern Postsachen mit und ohne Wertangabe heimlich mit versendet;
2. wer in der Absicht, die Postverwaltung für die von ihm versendeten Briefe, Packete oder andre Postsachen haften zu machen, vorsätzlich einen zu hohen oder zu niedrigen Wert angibt;
3. wer in postalische Korrespondenzen Sachen einschliefst, die sich entzünden, Feuer fangen oder allgemein die übrige Korrespondenz gefährden und beschädigen können.

Wegen der Folgen solcher Einlagen tritt Bestrafung auf allgemeiner Grundlage gemäfs dem angerichteten Schaden ein.

Wegen Übertretung der No. 1 tritt Einziehung der Gelder und Doppeltaxierung, wegen Übertretung der No. 2 Einziehung des eingelegten höheren Betrags ein.

Kapitel IV.
Übertretungen rücksichtlich der Gottesverehrung während des Gottesdienstes.

Art. 481. Störung der Gottesverehrung in Kirchen, Klöstern oder andern Gebetshäusern durch ungebührliches Schreien und Lärmen oder sonstiges ungebührliches Benehmen, wird mit Haft bis zu einem Monat oder mit Geldstrafe bis zu hundert Lew bestraft.

Art. 482. Wird die Gottesverehrung aufserhalb gottesdienstlicher Gebäude während Abhaltung des Gottesdienstes oder einer Prozession durch allgemeine Volksbelustigungen oder sonstigen den Gottesdienst hindernden Unfug gestört, so tritt Haft bis zu fünfzehn Tagen oder Geldstrafe bis zu fünfzig Lew ein.

Kapitel V.
Übertretungen von Sittenpolizeivorschriften.

Art. 483. Mit Geldstrafe bis zu fünfundzwanzig Lew wird bestraft

1. wer öffentlich unsittliche Lieder singt;
2. wer öffentlich unsittliche Reden hält;
3. wer ein unsittliches Bild zeichnet oder eine unsittliche Inschrift an Strafsen, Märkten, öffentlichen Wegen oder andern öffentlichen Orten anbringt.

Art. 484. Wer ein Bordell hält und darin eine Frauensperson aufnimmt, ohne ihr von dem dort betriebenen Gewerbe im Beisein des Vorstehers der Ortspolizeibehörde Mitteilung zu machen, wird mit Haft bis zu drei Monaten oder mit Geldstrafe bis zu fünfhundert Lew bestraft.

Art. 485. Mit Haft bis zu einer Woche wird eine Frauensperson bestraft

1. die sich gewerbsmäfsig der Unzucht hingibt, ohne in die Register der Lustdirnen eingetragen zu sein;
2. die, eingetragen in die Register der Lustdirnen, eine der Polizeivorschriften übertritt, die behufs Wahrung der Gesundheit, öffentlichen Ordnung und des Anstandes erlassen sind.

Art. 486. Wer sich auf einer Strafse, auf dem Markte, in einem Garten oder sonst an einem nicht geschlossenen Orte sichtlich in trunkenem Zustande zeigt, wird mit Geldstrafe bis zu fünfundzwanzig Lew bestraft.

Art. 487. Wer ein Kind mit Spirituosen betrunken macht, wird mit Geldstrafe bis zu fünfzehn Lew bestraft.

Geschieht dies seitens dessen, der mit solchen Getränken Handel treibt oder seitens seines Stellvertreters bei dem Betriebe seines Geschäfts, so tritt Geldstrafe bis zu hundert Lew ein.

Art. 488. Wer in einer Schenke, in einem Gasthause, auf der Strafse oder an einem andern öffentlichen Orte einen andern betrunken macht, ebenso wer gewerbsmäfsig Spirituosen verkauft und entweder selbst oder als Vertreter des Inhabers einem Gaste, dessen trunkenen Zustand er kennt, noch ferner Getränke verabreicht, wird mit Geldstrafe bis zu fünfundzwanzig Lew bestraft.

Art. 489. Wer öffentlich ein Tier in grausamer Art quält, wird mit Geldstrafe bis zu hundert Lew bestraft.

Art. 490. Wer an einem öffentlichen oder der Allgemeinheit zugänglichen Orte ein Glücksspiel veranstaltet, ebenso wer sich an einem solchen Spiele beteiligt, wird mit Haft bis zu einem Monat oder mit Geldstrafe bis zu dreihundert Lew bestraft.

Gleicher Strafe unterliegt, wer in seinem dem Publikum zugänglichen Lokale die Abhaltung solcher Spiele duldet.

Art. 491. Wer geschäfts- und gewerbsmäfsig Glücksspiele hält und Leute zur Vornahme solcher an einem abgesonderten Orte auffordert und aufnimmt, ebenso wer an einem solchen Orte in gewinnsüchtiger Absicht oder geschäftsmäfsig Geld darleiht, wird mit Haft bis zu drei Monaten oder mit Geldstrafe bis zu fünfhundert Lew bestraft.

Wer ohne die erforderliche Erlaubnis Lotterieen veranstaltet, wird mit Haft bis zu drei Monaten oder mit Geldstrafe bis zu fünfhundert Lew bestraft.

Die Gelder und die Sachen, die ausgelost werden oder sich in der Spielkasse vorfinden, werden eingezogen.

Kapitel VI.
Übertretungen betreffend die persönliche Sicherheit und die Volksgesundheit.

Art. 492. Mit Geldstrafe bis zu fünfzig Lew wird bestraft

1. wer auf den Strafsen von Städten oder Dörfern übermäfsig schnell fährt oder reitet, ebenso wer ein Last- oder Zugtier ohne Rücksicht auf die Sicherheit des Publikums frei herumlaufen läfst;
2. wer die freie Bewegung auf Strafsen, Plätzen, auf wichtigeren oder sonstigen öffentlichen Wegen hemmt;
3. wer aus Städten in Schlitten ohne Schellen oder auf schwachen oder zerbrochenen Rädern fährt;
4. wer ein Tier den Sicherheitsvorschriften zuwider in eine Stadt oder ein Dorf, auf den Markt, eine Strafse oder an einen andern Ort führt oder dort stehen läfst, sodafs dadurch ein Schaden oder eine Gefahr entstehen kann;
5. wer Steine oder andre harte Körper oder Unrat gegen Tiere, Menschen, fremde Häuser oder befriedete Räume wirft;
6. wer nach einer Strafse oder nach einem Orte hinaus, wo dauernd Menschen verkehren, nicht gehörig befestigte Gegenstände, durch deren Herabfallen jemand beschädigt werden kann, aufstellt oder aufhängt;
7. wer auf die Strafse oder einen andern Ort, wo dauernd Menschen verkehren, etwas so auswirft oder ausgiefst, dafs jemand dadurch verunreinigt oder beschädigt werden kann;
8. wer auf einer Strafse, einem Platze oder öffentlichen Wege Gegenstände, welche die freie Bewegung hindern, hinstellt oder unaufgeräumt liegen läfst und
9. wer Aas und andre Unreinigkeiten auf die Strafse oder einen andern öffentlichen Ort wirft.

Art. 493. Wer ein unter seiner Aufsicht stehendes Tier auf einen Menschen hetzt oder nicht zurückhält, wenn es einen Menschen anfällt, ebenso wer der möglicherweise seitens eines solchen Tieres drohenden Gefahr vorzubeugen unterläſst, wird mit Haft bis zu einer Woche oder mit Geldstrafe bis zu fünfundzwanzig Lew bestraft.

Art. 494. Wer ohne Erlaubnis der Polizeibehörde gefährliche wilde Tiere hält oder frei herumlaufen läſst, ebenso wer der Gefahr oder der Beschädigung, die sie verursachen können, vorzubeugen unterläſst, wird mit Haft bis zu drei Monaten oder mit Geldstrafe bis zu dreihundert Lew bestraft.

Art. 495. Wer bei einer nicht ohne seine Schuld entstandenen Schlägerei Waffen und besonders Messer oder andre gefährliche Instrumente gebraucht, wird mit Haft bis zu einem Monat oder mit Geldstrafe bis zu hundert Lew bestraft.

Art. 496. Wer ein Haus, eine Mauer oder einen Damm, die sich selbst überlassen, Einsturz drohen, nicht wiederherstellt, ausbessert oder niederreiſst, wird mit Geldstrafe bis zu fünfzig Lew bestraft.

Art. 497. Wer einen Brunnen, einen Keller, eine Grube oder irgend andre Räume, die sich nach der Straſse, einem Wege, einem Hofraume eines Hauses oder anderswohin öffnen, wo Menschen verkehren, gar nicht oder nicht, wie es sich gehört, verdeckt oder sie nicht mit Warnungstafeln, die für die Sicherheit von Personen notwendig sind, versieht, wird mit Haft bis zu einem Monat oder mit Geldstrafe bis zu hundert Lew bestraft.

Art. 498. Wer ohne erforderliche Erlaubnis ein Gebäude, eine Brücke, einen Brunnen oder ein sonstiges Bauwerk errichtet oder ausbessert oder eine Straſse, einen Platz und Erdwall baut, ohne sich nach den dafür erlassenen Vorschriften zu richten, oder die für die Sicherheit nötigen Maſsnahmen zu treffen, wird mit Geldstrafe bis zu fünfzig Lew bestraft.

Der Schuldige kann zur Ausbesserung oder Niederreiſsung des ganzen nicht vorschriftsmäſsigen Baues verpflichtet werden, wenn der Beweis geliefert wird, daſs dieser die Sicherheit oder Gesundheit gefährden kann.

Art. 499. Wer sich nicht nach den Vorschriften richtet, die über Verwahrung, Transport, Zubereitung oder Verwendung von explodierenden Stoffen, Pulver, Feuerwerk oder andern brennbaren Gegenständen, aber auch Heilmitteln, näheres bestimmen, wird mit Haft bis zu zwei Monaten oder mit Geldstrafe bis zu zweihundert Lew bestraft.

Art. 500. Wer einen Toten ohne Erlaubnis der zuständigen Behörde oder an einem nicht dazu bestimmten Orte begräbt, wird mit Haft bis zu einem Monat oder mit Geldstrafe bis zu hundert Lew bestraft.

Art. 501. Wer einen Toten ohne Erlaubnis der zuständigen Behörde ausgräbt, um ihn an einen andern Ort zu verbringen, wird mit Geldstrafe bis zu hundert Lew bestraft.

Art. 502. Wer ohne Erlaubnis der zuständigen Behörde einen Toten aus der Fremde oder aus einem Bezirk, Kreise oder einer Gemeinde in eine andre verbringt, wird mit Geldstrafe bis zu fünfzig Lew bestraft.

Art. 503. Wer den gesetzlichen Sicherheitsvorschriften zuwider sich eine Nachlässigkeit bei ansteckenden Krankheiten zu Schulden kommen läfst, wird mit Haft bis zu einem Monat oder mit Geldstrafe bis zu zweihundert Lew bestraft.

Ist der Ausbruch einer Seuche die Folge solcher Nachlässigkeit, so tritt Haft bis zu zwei Monaten oder Geldstrafe bis zu zweihundert Lew ein.

Art. 504. Wer nicht an gebührender Stelle den Ausbruch einer ansteckenden Krankheit unter Hausbewohnern anzeigt, wie z. B. Diphtheritis, Scharlach, Pocken und bei Tieren Pest und andre Seuchen; ebenso wer die zu Abwehr von Seuchen vorgeschriebenen Mafsregeln nicht befolgt, wird mit Haft bis zu einem Monat oder mit Geldstrafe bis zu hundert Lew bestraft.

Art. 505. Wer ohne die gesetzlich vorgeschriebene Kontrolle Vieh transportiert, wird mit Haft bis zu einem Monat oder mit Geldstrafe bis zu hundert Lew bestraft.

Art. 506. Wer einen Brunnen, eine Quelle oder einen andern Ort oder andres Gefäfs, aus dem oder in dem Trinkwasser geschöpft wird, verunreinigt, wird, wenn nicht dafür eine andre schwerere Bestrafung vorgesehen ist, mit Haft bis zu einer Woche oder mit Geldstrafe bis zu fünfundzwanzig Lew bestraft.

Art. 507. Wer verfälschte oder verdorbene Getränke oder Efswaren, besonders trichinöses Fleisch, zubereitet, feilhält oder verkauft, wird mit Haft bis zu einem Monat oder mit Geldstrafe bis zu hundert Lew bestraft.

Gleicher Strafe unterliegt, wer Gefäfse von gesundheitsgefährlichem Material anfertigt, feilhält oder verkauft.

Die gefälschten oder verdorbenen Getränke oder Efswaren, wie auch die schädlichen Gefäfse, werden eingezogen.

Art. 508. Wer mit Getränken oder Efswaren, die er zubereitet, feilhält oder verkauft, unreinlich umgeht, wird mit Geldstrafe bis zu fünfzig Lew bestraft.

Art. 509. Wer einen Viehschlachthof oder eine Gerberei, ohne die gesetzlichen Vorschriften zu beobachten, errichtet, ebenso wer den Unrat aus Schlachthöfen oder Gerbereien nicht entfernt, wird mit Geldstrafe bis zu hundert Lew bestraft.

Art. 510. Wer Tiere an einem verbotenen Orte oder den hierfür bestehenden Vorschriften zuwider schlachtet, wird mit Geldstrafe bis zu fünfzig Lew bestraft.

Art. 511. Inhaber von Speisewirtschaften, Schenken, Gasthäusern und andern ähnlichen für das Publikum bestimmten Anstalten werden, wenn sie nicht die nötige Reinlichkeit beobachten, mit Geldstrafe bis zu dreihundert Lew bestraft.

Kapitel VII.
Übertretungen verwandtschaftlicher Rechte.

Art. 512. Wohlhabende Kinder, welche es unterlassen, ihren Eltern im Alter den notwendigen Lebensunterhalt zu gewähren, werden mit Haft bis zu drei Monaten bestraft und aufserdem zu Gewährung des ihrem Vermögen angemessenen Unterhalts angehalten.

Kapitel VIII.
Übertretungen betreffend fremdes Eigentum.

Art. 513. Wer unbefugt fremde Wiesen, Gehölze, Weiden, Baumschulen, Saatfelder, oder die zur Saat bestellten Felder betritt, wird mit Geldstrafe bis zu fünfzig Lew bestraft.

Art. 514. Wer unbefugt über fremde Ländereien, deren Betreten vom Eigentümer durch eine sichtbare Verbotstafel untersagt ist, Vieh sich zuführen läſst, darüber fährt oder reitet, wird mit Geldstrafe bis zu fünfzig Lew bestraft.

Gleicher Strafe unterliegt, wer unbefugt es unterläſst, sein Geflügel vom Aufenthalt in fremden Gärten, Baumschulen oder Saatfeldern abzuhalten.

Art. 515. Wer unbefugt es unterläſst, Vieh vom Weiden auf fremden Wiesen, in Gehölzen, auf Weiden, Baumschulen, Saatfeldern oder den zur Saat bestellten Äckern abzuhalten, wird mit Geldstrafe bis zu fünfzig Lew bestraft.

Art. 516. Wer Steine, Aas oder andern Unrat auf fremden Boden wirft, wird mit Geldstrafe bis zu fünfundzwanzig Lew bestraft.

Art. 517. Wer vorsätzlich fremdes Vieh tötet oder beschädigt, wird mit Haft bis zu einem Monat oder mit Geldstrafe bis zu hundert Lew bestraft.

Art. 518. Wer fremde Zäune, Mauern, Gräben oder andre Bauten einreiſst, niederlegt oder zerstört, wird mit Geldstrafe bis zu fünfzig Lew bestraft.

Art. 519. Mit Geldstrafe bis zu zehn Lew wird bestraft

1. wer unbefugt Gemüse, Beeren, Pilze oder ähnliche Früchte in fremden Gärten und an verbotenen Orten wegnimmt;
2. wer einen fremden Baum beschädigt oder Blumen aus fremdem Garten pflückt;
3. wer unbefugt Sand, Erde, Mergel, Steine oder ähnliches auf einem fremden Grundstück wegnimmt oder ausgräbt

Art. 520. Wer fremdes Heu, Hafer, Gerste oder andre zum Viehfutter bestimmte oder dienliche Gegenstände gegen das ausdrückliche Verbot des Eigentümers wegnimmt, um dessen Vieh damit zu füttern, wird mit Haft bis zu einem Monat oder mit Geldstrafe bis zu hundert Lew bestraft.

Art. 521. Wer unbefugt Holz oder Rohr aus fremdem Gehölz oder Schilfrohr fortnimmt, wird mit Geldstrafe im doppelten Betrage des Holzes und Rohres bestraft.

Anm. Diese Vorschrift findet keine Anwendung auf den,

1. der sich trockene Ruten oder Holz sammelt, das nicht verarbeitet werden kann und zwar nicht mehr, als von einem Menschen auf einmal fortgetragen werden kann;
2. der aus selbstwachsendem Walde einen Stecken schneidet oder wegnimmt, um die auf der Fahrt gebrochenen oder beschädigten Räder auszubessern.

Art. 522. Wer in der Absicht, das Ergebnis einer öffentlichen Lizitation oder Versteigerung zu vereiteln oder zu vermindern, einem der Mehrbieter einen Gewinnanteil anbietet oder einen Vermögensvorteil verspricht; ebenso wer ein solches Anerbieten oder Versprechen in gleicher Absicht annimmt, wird mit Haft bis zu drei Monaten oder mit Geldstrafe bis zu fünfhundert Lew bestraft.

Art. 523. Wegen der in den Artt. 513—521 vorgesehenen Übertretungen tritt Verfolgung nur auf Antrag des Verletzten ein.

Kapitel IX.
Gemeingefährliche Übertretungen.

Art. 524. Mit Geldstrafe bis zu fünfzig Lew wird bestraft

1. wer in der Nähe von Gebäuden oder Gegenständen so, dafs daraus die Gefahr eines Brandes entstehen kann, eine Feuerwaffe entladet, ein Feuerwerk abbrennt oder Feuer anzündet;
2. wer einen Luftballon, einen Drachen oder ähnliches mit daran befestigten feuerfangenden Gegenständen anfertigen läfst;
3. wer mit unverwahrtem Lichte oder Feuer Räume betritt, die zur Aufbewahrung von feuergefährlichen Gegenständen dienen.

Art. 525. Wer Waren, leicht feuerfangende Materialien an einem Orte oder in einem Raume anfertigt oder hält, wo ihre Entzündung gefährlich werden kann; ebenso wer solche Gegenstände, die nicht ohne Feuersgefahr beieinander liegen können, am selben Orte zusammen aufbewahrt, wird mit Geldstrafe bis zu fünfundzwanzig Lew bestraft.

Art. 526. Wer ein Schiff in den Hafen führt, bevor er aus ihm die feuergefährlichen Gegenstände entfernt hat, wird mit Geldstrafe bis zu dreihundert Lew bestraft.

Gleicher Strafe unterliegt, wer ein mit solchen Gegenständen beladenes Schiff in der Nähe eines andern vor Anker legt.

Art. 527. Ein Maurer oder Arbeitsleiter, der einen Ofen, einen Feuerheerd, einen Kamin und dergl. ohne Beachtung der zu Verhütung von Bränden erlassenen Vorschriften baut, wird mit Geldstrafe bis zu fünfzig Lew bestraft.

Art. 528. Wegen Nichtbeobachtung der Vorschriften betreffend Vorsicht bei Verwendung von Feuer in Wohnungen, für Tabakrauchen in Strohkammern, Weinbergen und ähnlichen Orten, ebenso für Fehlen von Wassereimern oder Löschgerätschaften in Fällen, wo deren Vorhandensein vorgeschrieben ist, trit Geldstrafe bis zu fünfundzwanzig Lew ein.

Wegen Übertretung der Vorschriften betreffend Vorsicht mit Feuer aufserhalb der Wohnräume, besonders

1. für Anzünden von Feuer oder unvorsichtige Verwendung von Feuer in der Nähe von Wäldern, Gesträuchen, Hütten, bestellten oder nicht bestellten Feldern, Stroh, Heu, Gärten, Brücken oder Gebäuden;
2. für Nichtauslöschen von Feuern bei Verlassen des Ortes, wo dergleichen angelegt ist;

3 für Abbrennen von Sträuchern, Gräsern, Wurzeln, Ruten und ähnlichem ohne Beachtung der erlassenen Vorschriften oder zu verbotener Zeit und

4. für Bespritzen von Schlacke oder Pech, Brennen von Kohlen und Zubereitung von Pottasche ohne Beachtung der erlassenen Sicherheitsvorschriften oder zu verbotener Zeit,

tritt Geldstrafe bis zu fünfundzwanzig Lew ein.

Kapitel X.

Übertretungen im Amte und im Advokatenberufe.

Art. 529. Ein Beamter (Art. 418), der mit Ausfertigung von Abschriften oder Auszügen aus Urteilen, Entscheidungen oder Verfügungen beauftragt ist, wird, wenn er solche Abschriften oder Auszüge erteilt, ehe diese Urteile, Entscheidungen oder Verfügungen unterzeichnet sind, mit Geldstrafe bis zu hundert Lew bestraft.

Art. 530. Ein Beamter, der ohne Erlaubnis der zuständigen Behörde eine Abschrift oder einen Auszug aus geheimen Regierungsverordnungen anfertigt, wenn auch nach Austritt aus einem Amte, wird mit Haft bis zu drei Monaten oder mit Geldstrafe bis zu fünfhundert Lew bestraft.

Art. 531. Ein Beamter, der in amtlicher Weise davon Kenntnis hat, dafs jemand rechtswidrig gefangen gehalten wird, wenn auch etwa auf Verfügung der Polizei- oder einer andern Administrativbehörde, und hiervon der zuständigen Behörde oder seinem unmittelbaren Vorgesetzten nicht innerhalb achtundvierzig Stunden Mitteilung macht, wird mit Geldstrafe bis zu hundert Lew bestraft.

Art. 532. Nach Art. 531 wird auch derjenige Beamte bestraft, der eine Person, entgegen den dafür bestehenden Vorschriften, in eine unter seiner unmittelbaren Aufsicht stehende Anstalt, die für Verurteilte oder Geisteskranke bestimmt ist, aufnimmt, wenn deswegen nicht eine höhere Strafe eintritt.

Art. 533. Ein Personenstandsbeamter, der nicht ordnungsgemäfs die Bücher oder Register hält, die für den Personenstand der Bürger bestimmt sind, wird mit Geldstrafe bis zu fünfhundert Lew bestraft.

Art. 534. Ein Beamter, der seinen Pflichten betreffend Sammlung oder Veröffentlichung von Mitteilungen über den Personenstand nicht nachkommt, wird mit Geldstrafe bis zu hundert Lew bestraft.

Art. 535. Ein Advokat, der ohne triftige Gründe es unterläfst, vor der betreffenden Behörde das Interesse seines abwesenden Klienten zu vertreten oder ohne dazu einen andern seinerseits zu bevollmächtigen, wird mit Geldstrafe bis zu dreihundert Lew bestraft.

Art. 536. Ein Advokat, der ohne triftige Gründe seinen Klienten im Stich läfst, wenn noch drei Tage zur Erledigung der Angelegenheit, zu der er angenommen ist, offen stehen, wird mit Geldstrafe bis zu hundert Lew bestraft.

Art. 537. Wegen der in den Artt. 535 und 536 erwähnten Übertretungen tritt Verfolgung nur auf Antrag des Vollmachtgebers ein.

Gemeinsame Vorschrift.

Art. 538. Dieses Gesetz tritt am 1. Mai 1896 in Kraft.

Bis die in diesem Gesetze vorgesehenen besonderen Strafanstalten gebaut sind, wie auch für diejenigen, die zu Zuchthaus verurteilt werden, werden die schweren Arbeiten durch Fesseln ersetzt.

Durch gegenwärtiges Gesetz werden alle Gesetze und Strafverordnungen über die darin vorgesehenen Gegenstände, ausgenommen das Gesetz über Übertretungen, die von Dorfgemeindegerichten bestraft werden, aufgehoben.

Erklärung einiger in gegenwärtigem Gesetze vorkommenden Ausdrücke.

Art. 539. „Kindheit“ wird gerechnet bis zu Vollendung von zehn Jahren; „Unmündigkeit“ vom Beginn von elf Jahren bis zu Vollendung von siebzehn; „Mündigkeit“ vom Beginn von achtzehn Jahren bis einundzwanzig und „hohes Alter“ für alle Personen über fünfundsechzig Jahre gebraucht.

Unter „Minderjährige“ werden alle Personen bis zu Vollendung von einundzwanzig Jahren zusammengefaſst.

Art. 540. Als „Angehörige“ werden gerechnet: Ascendenten und Descendenten (von Geburt und durch Heirat) sowie Nichtblutsverwandte, Brüder, Schwestern, Brüder und Geschwisterkinder, väterliche und mütterliche Brüder, Schwestern, Enkel und Adoptivkinder, Ehegatten, Bräute und Bräutigame, Brüder- und Geschwisterehegatten, Brüder und Schwestern der Ehegatten.

Art. 541. „Strafbare Handlung“ bedeutet in gegenwärtigem Gesetze Verbrechen und Übertretung.

Art. 542. Wo von „Verbrechen“ allgemein oder von einem besondern „Verbrechen“ geredet wird, fällt darunter auch Teilnahme und Versuch, wenn nicht das Gegenteil aus dem Inhalt des Gesetzes sich ergibt.

Art. 543. Unter den Ausdrücken „Gewalt“ oder „öffentliche Gewalt“ werden alle administrativen (staatlichen, Bezirks- und Gemeinde-), gerichtlichen und militärischen Behörden zusammengefaſst.

Unter dem Ausdruck „Organ der Gewalt“ werden alle zusammengefaſst, die mit Erfüllung der Obliegenheiten von administrativen, gerichtlichen und militärischen Behörden betraut sind, ebenso die in einzelnen Fällen mit einem öffentlichen Dienste Betrauten oder die zur Unterstützung der öffentlichen Gewalt Hinzuberufenen.

Art. 544. Unter „Krieg“ wird auch Bürgerkrieg, unter „Kriegszeit“ auch die Zeit verstanden, wenn das Staatsoberhaupt auſserordentlicherweise das ganze Heer oder nur einen Teil desselben unter die Fahne ruft.

Wir befehlen, dafs gegenwärtiges Gesetz mit dem Staatssiegel versehen, im „Staatsanzeiger" veröffentlicht und in Kraft gesetzt werde.

Die Anordnungen für Einführung des gegenwärtigen Gesetzes übertragen wir Unsrem dirigierenden Justizministerium, dem Ministerpräsidenten und Minister der innern Angelegenheiten.

Gegeben in Unsrer Hauptstadt (Residenz) Sofia am 2. Februar 1896.

Im Originale mit eigenhändiger Unterschrift Seiner Königlichen Hoheit **Ferdinand.**

Gegengezeichnet:
Dirigierendes Justizministerium, Ministerpräsident
und Minister der innern Angelegenheiten

Dr. K. Stoilow.

Das Original des Gesetzes ist mit dem Staatssiegel versehen und unter No. 19 des 10. Februar 1896 registriert.

Der Staatssiegelbewahrer:
Dirigierendes Justizministerium, Ministerpräsident
und Minister der innern Angelegenheiten

Dr. K. Stoilow.

Druck von Leonhard Simion in Berlin SW.

FSC
www.fsc.org
MIX
Papier | Fördert
gute Waldnutzung
FSC® C083411

Kolibri 360 GmbH
Ferdinand-Jühlke-Straße 7
99095 Erfurt, Deutschland
produktsicherheit@kolibri360.de